Heinrich Baumgärtner

Claudius Aelian über Schlacht-Ordnungen

Heinrich Baumgärtner

Claudius Aelian über Schlacht-Ordnungen

ISBN/EAN: 9783742893482

Hergestellt in Europa, USA, Kanada, Australien, Japan

Cover: Foto ©ninafisch / pixelio.de

Manufactured and distributed by brebook publishing software (www.brebook.com)

Heinrich Baumgärtner

Claudius Aelian über Schlacht-Ordnungen

Einleitung.

Wenn Puyſegur, dieſer, allen einſichtsvollen Officiers bekannte erfahrne Krieger, in ſeiner vortreflichen Kriegskunſt, alle ſeine Einſichten und Kenntniße der Leſung der alten Taktiker öffentlich verdanket, ſo müſſen dieſe Schriften nothwendiger Weiſe einen größern Werth erhalten, als ſie bisher in den Augen mancher gehabt haben. Die griechiſche Nation, bei welcher die Taktik entſtanden iſt, hat in dieſem Fache weit mehr geleiſtet als die römiſche. Es iſt auch kein Wunder, wenn ſie ſich befliß, dieſe Wiſſenſchaft ſo hoch als möglich zu treiben, da in der That viel Kunſt erfordert wurde, wenn ſich ſo viele kleine Republicken, gegen ſo anſehnliche Feinde als ſie zu verſchiedenenmalen hatten, erwehren und in ihrer Verfaſſung erhalten wollten. Dies war ein hinlänglicher Beweggrund, dieſes kluge Volk zu den ernſtlichſten Anſtalten zu veranlaſſen. Sie errichteten daher in allen ihren Städten taktiſche Schulen, in welchen die öffentlichen Lehrer auch auf öffentliche Koſten unterhalten wurden, und kein Bürger

Einleitung.

ger durfte an der Vertheidigung des Vaterlandes einigen Antheil nehmen, wenn er nicht in einer dieser Schulen unterrichtet worden war. Die Lacedämonier, welche die entschlossensten und tapfersten unter den griechischen Völkerschaften waren, sind auch die ersten gewesen, welche in dieser Wissenschaft Schriftsteller zogen. Sie, und ganz Griechenland hatte hievon den Vortheil, daß sie alle nach einerlei Grundsätzen gebildet waren, und so lange der Unterricht hierinnen in seinem Werthe blieb, so lange blieb auch Griechenland unüberwindlich.

Ob sich gleich Aelian in diesem Werkgen ziemlich kurz gefaßt hat, so ist es uns demohnerachtet in allem Betracht schätzbar, indem er in selbigem alles das ins kurze auf eine verständliche Art zusammen gezogen hat, was vor ihm so viele Taktiker weitläuftig und dunkel vorgetragen haben. Aelian erkennt in seinem Vorbericht, an sich selbst diesen Vorzug, und Arrianus zeigt uns in dem 1 Kapitel seiner Taktik die Ursache dieser Dunkelheit an, wenn er sagt, daß hieran nichts anders schuld sey, als weil jene Schriftsteller, die Benennungen der verschiedenen Arten der Bewafnung und der Stellungen, als eine, jedem gemeinen Soldaten damals bekannte Sache weggelassen haben, daher sie schon zu Arrians Zeiten, erklärt werden mußten, wenn sie sollten verstanden werden. Aelian hat diesen Fehler vorsichtig vermieden, und jeder Benennung eine hinlängliche und deutliche Definition zugesellt, und uns also die alte griechische Kriegsverfassung sehr wohl beschrieben. Der, durch die französische Ausgabe des Polybs so berühmt gewordene Chevalier de Folard, sucht ihn zwar so sehr als möglich herunter zu setzen, und hält, bei Gelegenheit der kegelförmigen Schlachtordnung dafür, Aelian habe die Sache nicht verstanden. Man siehet aber gar leicht ein, daß sich dieser berühmte Mann, in diesem Stück gegen leztern, aus einer allzugroßen Partheilichkeit für seine Lieblingsidee, die Colonne, zu sehr vergessen habe, und wird dies zu seiner Zeit erwiesen werden. Arrian,

Einleitung.

welcher doch ein großer Mann war, muß von Aelians Werke ganz anders gedacht haben. Denn seine Taktik hat mit diesem so viel Aehnlichkeit, daß man augenscheinlich gewahr wird, er habe es zum Grunde gelegt. Folards Vorwurf, als wenn nicht glaublich wäre, daß Aelian selbst Kriegsdienste gethan habe, thut zur Sache nichts. Das was er that, konnte er bemohnerachtet leisten, ohne Soldat zu seyn. Er wollte einen Auszug aus den taktischen Schriften liefern, welche noch zu seiner Zeit vorhanden waren, und uns keineswegs eigene Meinungen aufdringen, und dies hat er getreulich erfüllet.

Dieser Aelian ist aber mit jenem, welcher die Thiergeschichte und verschiedene andere Bücher hinterlassen hat, nicht zu verwechseln. Jener lebte unter dem Severus, Caracalla und Heliogabalus, dieser aber unter dem Nerva, Traian und Hadrian, wie wir aus seinem eigenen Vorbericht ersehen. Er muß nicht nur in Griechenland gebohren seyn, sondern auch seine ersten reifen Jahre daselbst gelebt haben, sonst hätte ihm die römische Kriegsverfassung nicht so unbekannt seyn können, als er selbst eingesteht. In der Taktik seiner Nation war er hingegen desto bewanderter. Der Kaiser Leo welcher selbst eine Taktik schrieb, und seine alten Vorgänger alle gelesen hatte, würde ihn nicht so gut benutzet haben, wenn er das Gegentheil gefunden hätte. Auch Arrian, welcher doch selbsten commandirte, Mauritius, Africanus und mehrere haben ihm das meiste abgeborgt. Ein offenbares Kennzeichen, daß sein Werk in Achtung stund.

Wenn Aelian seinem Buch den Titel einer Taktik gab, so hat er dies Wort in dem eigentlichen Verstande genommen. Diese war nichts anders als eine Wissenschaft, ein Kriegsheer auf eine geschickte und vortheilhafte Art in Schlachtordnung zu stellen. Der Taktiker Aeneas befinirte sie ἐπιςήμιν πολεμικῶν κινήσεων eine Wissenschaft der kriegerischen Bewegungen, und begrif durch ein einziges Wort, alles was der

Einleitung.

Feldherr wissen muſte, wenn er ein Treffen liefern wollte. Alle Stellungen, Schwenkungen und Evolutionen, ſowohl im Angriff, als auch im Zurückzug, ſind unter dieſem Worte verſtanden. Die Taktik war alſo ein Theil der Stratogik, welche leztere die ganze Kunſt zu commandiren, und alles was nur einige Beziehung auf den Krieg hatte, enthielte, und auch hierinnen unterhielten die Griechen öffentliche Lehrer.

Der Geiſt der griechiſchen Nation machte ſich auch in dieſer Wiſſenſchaft kennbar. Sie war ſchon von Natur mathematiſch, und brachte bei allen Gelegenheiten ihre geometriſchen Kenntniße an. Alle ihre Evolutionen ſind aufs Flächen-Maas zurückzubringen. Da ſie durch ihre Stellungen, Quadrate, Oblonga, Triangel, rhomboidaliſche Figuren u. d. gl. beſchrieb, ſo war es ihr ein leichtes nach dem angegebenen Grad der Entfernung, in welcher ein Mann von dem andern ſtehen muſte, auf das genaueſte zu beſtimmen, wie viel Soldaten zu dieſer oder jener Ordnung erfordert werden. Ihre Schwenkungen konnten alſo eben ſo gut in den Schulen der Philoſophen gelehret werden, als die Geometrie. Sie blieben ſich immer gleich, die Umſtände mochten auch ſeyn welche ſie wollten. Man konnte daher alle Bewegungen ſchon im voraus beſtimmen, und mathematiſch überzeugt ſeyn, daß eine Diviſion der andern, mithin die Theile dem Ganzen, und das Ganze ſeinen Theilen vollkommen gleichen werde.

Aus allem dieſem folgt, daß bei den Griechen ein Taktiker ein wichtiger Mann war. Nicht nur die berühmteſten Männer, die gröſten Kaiſer und Könige haben dieſe Wiſſenſchaft fleißig ſtudirt, ſondern auch in derſelben zum Theil ganze Traktate geſchrieben, wie der epirotiſche König Pyrrhus und ſein Sohn Alexander, Mauricius, Leo, Conſtantinus Porphyrogenneta, Nicephorus. Und warum ſuchten ſie ſich dieſe Wiſſenſchaft ſo ſehr eigen zu machen? Weil ſie durch dieſelbe groſe Herre mit einer geringeren Anzahl Leute, beſitzen lernten, als wozu die

Art

Einleitung.

Art der Stellung, die Gegend worinnen das Treffen geliefert wird, und die angebrachten Schwenkungen sehr oft mehr beitragen, als die Volksmenge, durch welche der Gegentheil eine Ueberlegenheit vergebens zu erzwingen sucht.

Die allgemeine Kriegswissenschaft hatte daher verschiedene Zweige. Die eigentliche, im engsten Verstande genommene Taktik, die Strategik, die Poliorcetik und die Naymachie. Die beiden letztern handelten die Kunst zu belagern und den Seekrieg ab. Leo begreift alle diese Theile unter dem Wort Taktik, und ist dies in den spätern Zeiten beinahe durchgängig gebräuchlich geworden.

Das Charakteristische des Aelians bestehet in seiner Kürze, und in seiner Deutlichkeit. Wenn ihm ein Vorwurf zu machen ist, so mögte es wohl dieser seyn, daß er an sehr vielen Stellen, die macedonische Taktik, mit der eigentlichen alt republikanisch Griechischen, verwechselt. Diese war noch einfacher, und weniger gekünstelt, mithin leichter und nicht so vielen Schwierigkeiten unterworfen. Er macht aber in diesem Stücke keinen Unterschied, und mancher mögte glauben, alle seine Schlachtordnungs-Arten und Evolutionen, wären alle zugleich in einerlei Zeitalter gebräuchlich gewesen. Seine Taktik ist also mit einem Worte nicht historisch genug, demohnerachtet aber eines der kostbarsten Ueberbleibsel des Alterthums.

Aelians Vorrede
an den
Kaiser Adrian.

Wenn man die Anfangsgründe der Kriegswissenschaft, so wie sie bei den Griechen eingeführt ist, bis auf die Zeiten Homers hinaussetzt, so haben, großer Monarch, sehr viele in selbiger geschrieben, welche die wissenschaftliche Kenntnis nicht hatten, die wir hievon zu haben, überzeugt sind. Dies veranlaßte mich, die Grundsätze derselben zu sammeln und in Ordnung zu bringen, denn ich konnte mich mit allem Recht bereden, daß die Nachkommenschaft eine solche Arbeit den Schriften der Alten vorziehen würde. Da mir aber, um die Wahrheit zu gestehen, der Römer Einsichten und Kenntniße, in diesem Stück noch unbekannt waren, so konnte ich mich nicht entschließen, mein Werk anzufangen, und diese Wissenschaft abzuhandeln, da es überflüßig zu seyn schiene, die Regeln dieser veralteten Wissenschaft abzuhandeln, welche durch die, von der römischen Nation erfundene Einrichtung, verdränget und unnütze gemacht worden ist.

Damals, als ich zu Formiä dem großen Kaiser Nerva aufwartete, hatte ich noch diese Gedanken. Hier hatte ich aber einige Tagelang Gelegenheit mit dem berühmten Consular Frontin umzugehen, welcher sich durch seine Kriegserfahrenheit allerdings vieles Lob erworben hat. Mit dem größten Vergnügen erfuhr ich von ihm, daß er sich eben so sehr mit der, bei den Griechen eingeführten Kriegswissenschaft abgebe, als mit der römischen. Nun ließ ich mich nicht mehr irre machen, an meine taktische Arbeiten zu gehen; denn ich konnte mit allem Recht vermuthen, Frontin würde die griechische Taktik nicht zum Gegenstande seiner gelehrten Beschäftigungen gemacht haben, wenn er darinnen etwas, der römischen widersprechendes, angetroffen hätte. Da also meine Arbeit ei-

Vorrede.

ne noch ziemlich rohe, und zur öffentlichen Erscheinung ungeschickte Gestalt hatte, so wurde ich endlich, durch ihre Tapferkeit und Kriegserfahrenheit, großer Monarch, als an welcher sie alle und jede Feldherrn so viel ihrer waren, übertreffen, vollends schlüßig gemacht, dieses nicht unebene Werkgen, welches denenjenigen, die in dieser Wissenschaft etwas gethan haben, alle Kriegsbücher der alten Griechen ersetzet, zu vollenden. Was die Deutlichkeit betrift, so muß ich behaupten, daß die, welche diese Schrift lesen, einen größern Nutzen davon haben werden, als wenn sie sich mit den Schriften der Alten abgeben, indem gegenwärtige, alles und jedes nach der natürlichen Ordnung abhandelt.

Demohnerachtet unterstand ich mich kaum, Ihnen gnädigster Kaiser, als einen in so vielen Kriegen, immer groß erfundenen Feldherrn, dieses Werk zu übersenden, denn ich hatte zu befürchten, Ihren großen Einsichten würden meine Fehler nicht entgehen. Wenn Sie aber überlegen, daß es die griechische Theorie enthält, und zugleich hierinnen des macedonischen Alexanders sinnreiche Kriegskunst gewahr werden, so werden Sie nicht geringes Vergnügen hierüber haben. Ich habe dem Werke selbst einen summarischen Inhalt der Kapitel vorgesetzt, damit Sie, ohne Zeitverlust, in den von Reichsgeschäften befreiten Stunden, leicht übersehen können, was es eigentlich verspreche, wodurch Sie zugleich in den Stand gesetzt werden, dasjenige zu finden, was Sie suchen.

Inhalt
der Kapitel.

Erstes Kapitel. Von taktischen Schriftstellern, und auch von diesem Buche. Nutzen dieser Wissenschaft.

Zweites Kapitel. Eintheilung einer vollkommenen Kriegsrüstung.

Drittes Kapitel. Von dem Innern der einzelnen Phalanxe, von ihren Commandanten, Stellungen, gehöriger Anzahl und Namen. Definition der Taktik.

Viertes Kapitel. Was eine Rotte sey, und wie stark sie seyn müsse.

Fünftes Kapitel. Von der Stellung einer Rotte.

Sechstes Kapitel. Von dem Syllogismus, oder von der Verbindung der Rotten.

Siebendes Kapitel. Von dem Phalanx, seiner Länge und Höhe. Was ζυγόν und στοιχόν heiße. Wie der Phalanx der Höhe und Länge nach in Flügel getheilet werde. Von der Stellung der Schwer- und Leichtbewafneten und der Reuterei.

Achtes Kapitel. Von der zur Stellung einiger Schlachtordnungsarten nöthigen Anzahl Reuter, wie auch Schwer- und Leichtbewafneter.

Neuntes Kapitel. Von den Namen der Rotten, wenn sie 2. 4. 8. oder 16 mal vervielfältigt werden. Wie stark jede Volksordnung sey, und wie viel sie Rotten enthalte. Wie ihre verschiedenen Anführer heißen.

Zehntes Kapitel. Von den Phalanxarchen, Merarchen, Tetrarchen und andern Officiersstellen.

Eilftes Kapitel. Von dem Abstand eines schwerbewafneten Soldaten, vom andern, und von dessen Verschiedenheit in gewöhnlicher, geschlossener und gedrängter Ordnung.

Zwölftes Kapitel. Von der Bewafnung des Phalanx.

Dreizehntes Kapitel. Von den Rottenführern oder dem ersten Glied, und von den Epistaten oder dem zweiten, dritten und folgenden Glied.

Inhalt der Kapitel.

Vierzehntes Kapitel. Von dem macedonischen Phalanx, und von der Länge der Sarissen.

Fünfzehntes Kapitel. Von der Stellung der Leichtbewafneten.

Sechszehntes Kapitel. Von den Namen und den Volksordnungen der Leichtbewafneten.

Siebenzehntes Kapitel. Von der Brauchbarkeit der Bogen- und Wurfspieß-Schützen und Schleuderer.

Achtzehntes Kapitel. Von der rauten-, kegel- und quadratförmigen Stellung der Reuterei.

Neunzehntes Kapitel. Von der Entstehung der rautenförmigen Schlachtordnung der Reuterei und von ihrer Verschiedenheit bei den Alten; imgleichen von andern Stellungen.

Zwanzigstes Kapitel. Von dem eigenen Stellungsplatze der Schwadronen, ihrem Namen und Stärke.

Ein und zwanzigstes Kapitel. Daß zur Anordnung einer Schlachtordnung und ihrer Umänderung in eine andere sehr viel Ueberlegung und Erfahrung erfordert werde.

Zwei und zwanzigstes Kapitel. Von den Kriegswägen und den Elephanten.

Drei und zwanzigstes Kapitel. Von gewissen, dem Commando bei den Evolutionen eigenen Benennungen.

Vier und zwanzigstes Kapitel. Von der Schwenkung zur Rechten und zur Linken, imgleichen von verschiedenen Arten der Schwenkungen.

Fünf und zwanzigstes Kapitel. Was es heiße, hoch stehen, Front machen, und sich stellen.

Sechs und zwanzigstes Kapitel. Von den Evolutionen, und derselben zweierlei Gattungen; imgleichen von der Macedonischen, Laconischen und Chorarischen.

Sieben und zwanzigstes Kapitel. Von der Art und Weise Evolutionen zu machen.

Acht

Inhalt der Kapitel.

Acht und zwanzigstes Kapitel. Von Verdopplungen, entweder nach Gliedern oder nach Rotten, durch die Anzahl der Soldaten, oder durch ihren Standort.

Neun und zwanzigstes Kapitel. Von der oblongen, hohen und obliquen Schlachtordnung.

Dreißigstes Kapitel. Von der Einschaltung, Vorsetzung, Nachsetzung, Zusetzung, Einrückung und Anschließung.

Ein und dreißigstes Kapitel. Wie sich ein Corps rechts und links umdrehen und schwenken soll.

Zwei und dreißigstes Kapitel. Wie sich ein Phalanx auf dem rechten oder linken Flügel, auch im Centro schließen und wieder aus einander treten soll.

Drei und dreißigstes Kapitel. Von dem Nutzen und der Verschiedenheit aller dieser Wendungen, Schwenkungen und Evolutionen.

Vier und dreißigstes Kapitel. Von Signalen sowohl für Fußvolk als Reuterei.

Fünf und dreißigstes Kapitel. Von Marschordnungen und von der Exagoge und Paragoge.

Sechs und dreißigstes Kapitel. Von der rechten und linken Paragoge.

Sieben und dreißigstes Kapitel. Von dem antistomischen Phalanx.

Acht und dreißigstes Kapitel. Von dem amphistomischen Phalanx.

Neun und dreißigstes Kapitel. Von dem antistomischen doppelten Phalanx.

Vierzigstes Kapitel. Von dem doppelten Phalanx mit doppelter Front.

Ein und vierzigstes Kapitel. Von der homöostomischen Phalanxart und ihren Gegensatz.

Zwei und vierzigstes Kapitel. Von dem heterostomischen Phalanx.

Drei und vierzigstes Kapitel. Von der rautenförmigen Schlachtordnung der Reuterei, wie angenehmet, und ihrem mondförmigen Gegensaz.

Vier und vierzigstes Kapitel. Von der oblongen Ordnung der Reuter, und von ihrem Gegensatz dem gedehnten Phalanx zu Fuß.

Fünf

Fünf und vierzigstes Kapitel. Von einer andern rautenförmigen Schlachtordnung der Reuterei, und von ihrem in einem halben Mond mit vorwärts gekehrten Flügeln gestellten Gegensatz zu Fuß.
Sechs und vierzigstes Kapitel. Von dem mit zwei rückwärts gekehrten Seitenflügeln versehenen Phalanx, und seinem in einem halben Zirkel geordneten Gegensatz.
Sieben und vierzigstes Kapitel. Von der oblongen Ordnung zu Pferd, und von dem Kegel zu Fuß.
Acht und vierzigstes Kapitel. Vom Pläsium und von dem schlangenförmigen Phalanx.
Neun und vierzigstes Kapitel. Von der Hyperphalangisis, Hyperceraſis und Loxysmus.
Fünfzigstes Kapitel. Von fünferlei Arten das Feldgeräthe zu führen.
Ein und fünfzigstes Kapitel. Vom Commando des Feldherrn, daß es kurz und nicht zweideutig seyn dürfe.
Zwei und fünfzigstes Kapitel. Von der nöthigen Stille und Aufmerksamkeit der Soldaten auf das Commando.
Drei und fünfzigstes Kapitel. Vom Commando selbsten. Schluß dieses Werkes.

Erstes Kapitel.
Von taktischen Schriftstellern und auch von diesem Buche. Nutzen dieser Wissenschaft.

Homer ist unter allen der erste von welchem bekannt ist, daß er die Theorie der Taktik inne gehabt und Krieger welche in dieser Wissenschaft erfahren waren, gelobt habe. So sang er von dem Mnestheus, daß ihm unter allen Sterblichen niemand in geschickter Stellung der Schlachtordnungen sowohl des Fußvolkes, als auch der Reuterei gleich kam.

Stratokles, Hermias und Frontin, welcher leztere zu unserer Zeit eine Rathsperson war, haben von der in dem Zeitalter des Homers eingeführt gewesenen Taktik geschrieben. Aeneas hat aber diese Wissenschaft viel weitläuftiger abgehandelt, und uns viele Kriegsbücher hinterlassen, welche in der Folge der theßalische Cineas ins kurze zusammengezogen hat. Der epirotische König Pyrrhus, und sein Sohn Alexander, Clearchus, Pausanias, Evangelus, Polybius von Megalopolis, ein sehr gelehrter Mann und Freund des Scipio, Eupolemus und Iphikrates haben ebenfals hievon geschrieben. Auch von dem Stoiker Poßidonius haben wir einen Traktat über die Taktik. Ueberdies gaben sich sehr viele Schriftsteller, unter welchen Bion ist, Mühe, theils Einleitungen in diese Wissenschaft, theils allgemeine Traktate zu verfertigen.

Ich würde dem Leser zur Last fallen, wenn ich alle der Schriftsteller gedenken wollte, welche ich gesehen und gelesen habe. Um aber mein Urtheil von den meisten mit einem Wort zu sagen, so muß ich gedenken, daß es scheint, als wenn sie größtentheils nur für Leute geschrieben hätten, welche dieser Wissenschaft schon kundig sind, und keineswegs für solche, welche sich erst unterrichten wollen. Ich hat-

Von taktischen Schriftstellern.

te daher das Schicksal, daß ich niemand zu Befriedigung meiner Lehrbegierde, wohl aber genug Unzulänglichkeit und Dunkelheit in den Schriften unserer Vorgänger fand. Dies ist Grundes genug, uns nach allen Kräften zu vermögen, anderer erstgedachten Schwierigkeiten nicht auszusetzen. Sollten mir dahero in Erklärung der Lehrsätze die Worte zur Deutlichkeit fehlen, so werde ich mich der Abbildungen bedienen, und das Auge zum Wegweiser des Verstandes machen, übrigens aber alle Kunstworte der Alten beibringen. Wer also diese Schrift ließt, dem werden auch ihre Benennungen und wissenschaftliche Namen bekannt werden, so daß in ihren Schriften nichts mehr fremd und ungewöhnlich klingen wird; ja, wer einmal auf den hier gezeigten Wege zur gesuchten Kenntnis gelanget ist, wird mit leichter Mühe die Schriften der Alten verstehen.

Daß die Kriegswissenschaft unter allen die nützlichste sey, kann schon durch den Ausspruch des Plato, welchen er in seinem Buch von den Gesetzen beibringet, bewiesen werden. Der Gesetzgeber der Cretenser, sagt er, habe ihnen Gesetze gegeben, welche ihnen, unaufhörlich zum Krieg gerüstet zu seyn, gebieten, weil unter allen Republiken ein verborgener Saame zum Krieg, von Natur ausgestreuet sey. Wer wird also eine andere Wissenschaft für vorzüglicher, und ein anderes Buch für nützlicher halten, als das gegenwärtige?

Anmerkungen zu dem ersten Kapitel.

Die Erfindung der Taktik ist wohl über die Zeiten des trojanischen Krieges hinauszusetzen. Aristides eignet sie zwar dem Palamedes Agamemnons Vettern zu, welcher in der Belagerung von Troja seinen Tod fand, und sich durch die Erfindung der griechischen Buchstaben berühmt machte. Er thut aber dies mit eben so viel Grunde, als Alcidamas, und Maximus Tyrius, welche sie dem Mnestheus zuschreiben. Sollte man vor dieser merkwürdigen Epoche, da sich schon so viele blutige Begebenheiten zugetragen hatten,

Erstes Kapitel.

noch nicht durch die bringendste Nothwendigkeit auf den Gedanken gebracht worden seyn, sich durch geschickte Stellungen entweder der Wuth der Feinde zu entziehen, oder dadurch ihrer Uebermacht gleich zu kommen, und endlich den Meister über sie zu spielen? Freilich ist diese Wissenschaft, so wie alles in der Welt, immer mehr verfeinert worden; vermuthlich hat sie in dem trojanischen Krieg, durch mancherlei neue Entdeckungen einen großen Zuwachs erhalten, und wahrscheinlicher Weise hatten es Palamedes und Mnestheus sehr weit darinnen gebracht, vielleicht auch vieles neue eingeführt; unglaublich ist es aber, daß einer von ihnen, damals erst die Kunst ein Heer in Schlachtordnungen zu stellen, erdacht haben sollte. Alle gegen Troja verbündete griechische Fürsten, waren schon vor der unglücklichen Veranlassung zu dieser blutigen Rache versuchte Krieger. Wir wissen auch aus dem Homer, daß damals schon der griechische Soldat gelernt hatte, Mann an Mann gelehnt, Schild an Schild geschlossen, und Helm an Helm gedruckt, das heißt, phalanxmäßig, gegen die Feinde zu stehen. Damals schon war jene χελων ςρατιωτων, zu welcher doch sehr viele Kriegsübung gehörte, bekannt, womit man in der Taktik den Anfang gewiß nicht gemacht hat. Offenbare Beweise, daß die Anfangsgründe der Taktik noch früher aufzusuchen seyen.

Die Schriften der vom Aelian genennten Schriftsteller sind größtentheils verlohren gegangen. Wir haben nichts mehr, als das, was uns vom Frontin, Aeneas, Polybius übrig geblieben. Die beiden erstern Gelehrte, haben verschiedene Traktate geschrieben, wovon aber die vornehmsten nicht auf uns gekommen sind. Polybius, dessen Taktik ebenfalls ein Raub der Zeit geworden ist, nennet uns in seiner Geschichte ein Werk des Aeneas unter dem Titel: υπομνηματα ςρατηγικα, welche der an dem Hofe des Pyrrhus gewesene Cyneas ins kurze gebracht hat. Aber auch dies ist für uns verlohren. Cicero lobt dessen Schriften vom Kriegswesen sehr in seinen Briefen.

Der größte taktische Verlust ist uns durch den Untergang der Schriften des großen Königes Pyrrhus widerfahren. Hannibal zog ihn allen Feldherren

Von taktischen Schriftstellern.

herren vor, welches auch Pausanias in der Vergleichung mit dem Alexander thut, als welcher zwar ein größeres Kriegsglück gehabt, und mehr Thaten gethan, aber die große und gründliche Kriegswissenschaft des Pyrrhus nicht besessen habe.

Alle Republiken und Monarchien-Stifter haben bei Ertheilung ihrer Gesetze, insonderheit auf das Kriegswesen ihr Absehen gerichtet. Dies war auch das klügste was sie thun konnten. Sie mußten sich gegen alle Anfechtungen von außen und von innen, zu vertheidigen wissen, und daher eine Macht zu gründen suchen, mit welcher man auch den schwersten Krieg nicht zu fürchten hatte. Diese Absicht suchte Minos bei seinen Cretensern zu erreichen. Daher kam es, daß Lycurg, welcher diesen Gesetzgeber zu seinem Urbilde nahm, und die cretischen Gesetze zum Grunde legte, seine Lacedämonier, kriegerisch, und abgehärtet, zu machen suchte. Auch Solon sahe gar wohl ein, wie unvermeidlich Kriege wären, und hatte daher die Vorsicht, seinen Athentensern Gesetze zu ertheilen, welche auch den Krieg zum Gegenstand hatten.

Zweites Kapitel.

Eintheilung einer vollkommenen Kriegsrüstung.

Vor allen Dingen muß ich eine vollkommene Kriegsrüstung beschreiben. Diese ist nun von einer doppelten Art, und sind hiezu entweder Land- oder Seetruppen nöthig, wovon die erste Gattung würklich zu Land, die andere aber auf Schiffen zur See und in großen Flüssen fechten. Von der Schlachtordnung einer ganzen Flotte, soll in einem besondern Traktat gehandelt werden, gegenwärtig begnüge ich mich, von den Ordnungen der Landsoldaten zu sprechen.

Zweites Kapitel.

Unter der großen Menge Menschen, welche zum Krieg zusammen getrieben werden, befinden sich Leute welche bewafnet und zum fechten bestimmt sind, und wieder andere welche keine Waffen führen, sondern sich zum Dienst und zur Unterstützung dieser erstern gebrauchen lassen. Jene sind zum Treffen geübt, und sie wissen die Feinde mit ihren Waffen zurückzutreiben; diese aber bestehen aus Aerzten, Kaufleuten, Marketendern, und andern, welche des Gewinnstes wegen den Kriegsheeren folgen.

Die Soldaten selbst fechten entweder zu Fuß, oder nicht. Die ersten werden im eigentlichsten Verstand Fußvolk genennet; die letztern aber bedienen sich entweder der Pferde, oder der Elephanten. Diejenigen welche Pferde haben, unterscheiden sich wieder in solche, welche auf Streitwägen, und in andere welche zu Pferd sitzend, fechten. Dies sind die Haupteintheilungen der Soldaten. Das Fußvolk sowohl als auch die Reuterei wird überdies noch in verschiedene Gattungen zergliedert, diejenigen aber, welche auf den Streitwägen und auf Elephanten dienen, bleiben immer von einerlei Art.

Die Kriegsrüstung zu Fuß besteht aus dreierlei Arten Soldaten; einige sind schwer, andere mit Pelten und noch andere leicht bewafnet. Die erstern oder die Hopliten, sind würklich unter allen am schwersten bewafnet; sie führen nach Art der Macedonier runde Schilder, und sehr lange Lanzen. Die Leichtbewafnete hingegen bedienen sich der leichtesten Bewafnung. Sie tragen weder Brust noch Beinharnische, weder leichte noch schwere Schilder. Sie bedienen sich lediglich der Wurfspieße, und des Bogengeschoßes, und werfen die Steine sowohl mit der Schleuder, als auch mit der Hand ab. Zu dieser Art von Bewafnung gehöret auch die argilische Armatur. Diejenigen welche Pelten führen, sind nach macedonischer Gewohnheit ausgerüstet, ausgenommen, daß sie noch leichter bewafnet sind. Ihre Pelta ist ein sehr kleiner Schild,

und

Von der Eintheilung einer vollkommenen Kriegsrüstung.

und ihre Lanzen sind viel kürzer als die Sarißen. Es scheinet, als wenn diese Soldatenart das Mittel zwischen den Leicht- und Schwerbewafneten wäre, da sie schwerer ausgerüstet sind, als die erstern, und viel leichter als die leztern. Dies mag auch die Ursache seyn, warum sie die mehrsten unter die leichten Truppen rechnen.

Die Reuter welche turmenweise gestellet werden, und von Leuten, die auf Streitwägen bienen, billig zu unterscheiden sind, theilen sich in 2 Gattungen. Die eine begreift die Cataphrakter, und sowohl sie, als ihre Pferde sind vom Kopf bis auf die Füße bepanzert. Die andern aber sind entweder Lanzenirer, oder Schützen. Die Lanzenirer mengen sich in das Treffen, und gebrauchen in dem Gefechte gegen den Feind ihre Lanzen. Einige unter ihnen bedienen sich des Schildes, und werden daher Beschildete genennet, und gehöret also die Benennung, Lanzenirer, oder Doratophori und Xestophori denenjenigen zu, welche ohne Schild ihre Lanze führen. Schützen zu Pferd stehen nur in der Ferne gegen den Feind, und giebt es deren, welche Wurfspieße, und andere welche Pfeile und Bogen führen. Die erstern werden Tarentiner genennet und sind doppelter Gattung. Einige bleiben in der Ferne stehen, und werfen ihr Wurfgeschoß ab, heissen auch daher Hippacontisten und sind die eigentlichen Tarentiner. Die andern aber bedienen sich leichter Wurfspieße, und wenn sie einige derselben abgeworfen haben, so fangen sie das Gefecht in der Nähe mit den Feinden an, und mengen sich unter sie, gleichen also in diesem Stücke den Doratophoris oder Lanzenirern, und werden leichte Reuter genennet, so wie diejenigen, welche Pfeil und Bogen führen, Hippotoxoten und nach einigen Scythen heissen. Es giebt also neunerlei Gattungen Kriegsvölker, nemlich schwer und leicht und mit Pelten Bewafnete, Reuter welche Lanzen oder Wurfgewehre oder auch Bogen führen. Cataphrakter, und Leute welche auf Streitwägen und Elephanten dienen.

An

Zweites Kapitel.

Anmerkungen zum zweiten Kapitel.

Alle alte strategische Schriftsteller geben die Regel, die Heere mit guten Aerzten zu versorgen, denn die Erfahrung lehrete, daß der Soldat muthiger zu Felde gieng, wenn er wußte, daß man auch seine Wunden verbinden, und wenn er krank werden sollte, für seine Genesung sorgen würde. Onosander giebt diese Vorschrift gleich in dem ersten Kapitel seines Unterrichtes; Julius Africanus in dem siebenden, Arrianus in dem zweiten, der Kaiser Leo und Mauritius an verschiedenen Orten ihrer Schriften, Xenophon in seiner Cyropädie, Homerus hin und wieder, Vegetius im 2ten Kapitel des 3ten Buchs, und Themistius. Cyrus hatte die geschicktesten und berühmtesten Aerzte bei seinem Heere, und die Römer theilten einer jeden Cohorte einen Medicum zu, und schickten öfters Leute nach Griechenland, um von den Griechen zu lernen, als welche auch in diesem Fache große Vorzüge vor der römischen Nation hatten. Zu diesen ιατροις gesellet Aelian die Αγοραιοι unter welchen er alle Arten von Kaufleuten verstehet, welche Onosander und Arrian unter den Worten ἐμπόροι und ἐμπορικοι begreifen. Ob aber unser Schriftsteller anstatt ὁτύλων, δουλων oder wie Arrianus hat, καπηλικων geschrieben habe, ist schwer auszumachen: Beide Gattungen von Leuten gehören wohl unter diejenigen, welche τοῦ μαχίμου ὕπεκα, dem Heere folgten. Man findet freilich Fälle in der Geschichte, daß die Knechte zu den Waffen greifen, und sowohl das Lager als auch das Feldgeräthe vertheidigen mußten, und Mauritius befiehlt ausdrücklich in seinem siebenden Buch und dessen 9 Kapitel, daß die Knechte, in dem Lager zu diesem Endzwecke gebraucht und ausgetheilet werden sollen. Dies geschahe aber nur in dringender Noth, und sind daher diese δουλοι, welche einzig und zum Dienste des Soldaten vorhanden waren, allerdings für αμαχοι zu halten, obgleich Blancard in seinen Anmerkungen über den Arrian anderer Meinung ist. Daß dem also sey, beweiset man mit dem Frontinus, welcher in dem ersten Kapitel des vierten Buchs seines Werks, von dem Philippus beibringt, daß er einem jeden Reuter nur einen einzigen Knecht, zwei Fußgängern aber, einen mit einander zugelassen habe, qui molas & funes ferrent.

Von der Eintheilung einer vollkommenen Kriegsrüstung.

Nachdem Aelian diese Diener der Soldaten benennet hatte, so sezt er billig die Hopliten oder Schwerbewafnete, allen andern vor. Ihr Ursprung ist sehr alt, und findet man sie schon in der Iliade vollkommen so beschrieben, wie sie jederzeit waren. Ihre Bewafnung, bestunde aus verschiedenen Stücken, welche sie entweder zur Bedeckung oder zum Angriffe gebrauchten. Unter die erste Gattung gehörte Helm und Schild, Brust- und Beinharnisch; unter die zweite aber ein Seitengewehr, Wurfspieße, und eine Lanze. Die leztere war von verschiedener Größe. Die Macedonier führten lange Sarißen, die übrigen Griechen aber weit kürzere Lanzen, unter welchen doch die Lacedämonier noch die längsten hatten. Ueberhaupt zeichneten sich die Schwerbewafneten der leztern unter allen griechischen Republicanern besonders aus. Obgleich die Athenienser sehr gute Soldaten waren, so blieb ihnen doch der lacedämonische Phalanx ein Schrecken, welcher sich auch sehr lange in der allgemeinen Achtung zu erhalten wußte, die man billig vor ihn hatte.

Die Peltasten kamen unter dem Iphikrates auf. Sie gehörten keineswegs unter die Leichtbewafneten, denn sie führeten ausser dem Seitengewehr und Schild auch Lanzen und leichtere oder halbe Küraß, welche schon Jason soll erfunden haben. Ihr ehemaliges Seitengewehr hielt Iphikrates für viel zu kurz; er ließ es daher länger, Schild und Lanze hingegen kleiner machen. Ersterer wurde von nun an Pelta genennet. Diese veränderte Bewafnung ist zwar beinahe in ganz Griechenland eingeführt worden, die Schwerbewafnete kamen aber demohnerachtet nicht ab, und blieben immer die vorzüglichsten unter dem Fußvolk.

Man kann sich leicht vorstellen, daß Kriegswesen der Alten werde ebenfalls vielerlei Veränderungen unterworfen gewesen seyn, so wie es noch heute zu Tage von Zeit zu Zeit Neuerungen giebt. Philippus und Alexander machten hierinnen eine Hauptepoche, und bald sahe man ganz Griechenland ihre neuen Kriegsverordnungen annehmen.

Die Leichtbewafneten der Griechen waren von dreierlei Gattung. Sie hießen τοξόται, ἀκοντισταί, und σφενδονῆται. Die ersteren waren Bogenschüzten, welche Pollux auch τεξςφοροι nennet; die ακοντιςαι führten Wurfspieße, und hatten ihren Namen von ακοντιον, welches ein kleiner Spieß war, der aus der Hand geworfen, und welchen Hesychius auch δορατιον nennt; die σφινδονηται aber waren Schleuderer, deren Ursprung sehr alt ist. Homer gedenkt ihrer schon im trojanischen Krieg. Diese Schleuderer warfen sowohl Steine als bleierne Kugeln mit der Schleuder ab, wie schon in den Anmerkungen zu dem Onosander bemerkt worden ist. Es gab aber auch unter den Leichtbewafneten Leute, welche die Steine mit der Hand abwarfen, wie hier Aelian selbst gedenket. Diese erhielten aber auch daher einen andern Namen, und Pollux und Thucidibes nennen sie λιθοβολοι. Alle diese Gattungen von Leichtbewafneten waren bei den Griechen nicht zum besten gegen die feindliche Waffen geschützt, und stunden viel zu bloß. Die Römer hingegen gaben ihrem leichten Fußvolk auch Helm und Schild, und konnten also weit mehr damit ausrichten.

Was nun die ακοντιςαι unter dem Fußvolk waren, das waren die sogenannten Tarentiner unter der Reuterei. Man muß nicht glauben, daß sie alle aus Tarent gewesen sind. Diese Art Reuter war zuerst unter den Tarentinern gebräuchlich, und daher blieb ihnen aller Orten der Name. Suidas, Hesychius, Polyänus und Polybius gedenken ihrer öfters. Aus gleichem Grunde erhielten die Bogenschützen zu Pferd, den Namen der Scythen. Dieser Nation war es eigenthümlich, das Bogengeschoß auch zu Pferd zu führen, womit die Cataphrakter ebenfalls versehen waren, und da man dies nützlich fand, so wurde es ihr, von den Griechen, welche alles vortheilhafte zu sammeln und anzuwenden wusten, abgeborgt.

Drittes Kapitel.

Von dem Innern der einzelnen Phalanxe, von ihren Commandanten, Stellungen, gehöriger Anzahl und Namen. Definition der Taktik.

Da aber ein jeder dieser einzelner Corps oder Phalanxe seine eigene Einrichtung, Commandanten, Stellungen, Anzahl und Namen hat, überdies auch bei den alltäglichen Uebungen und in dem Treffen selbst verschiedene Kunstwörter vorkommen, so müssen wir hievon besonders handeln.

Derjenige welcher ein Heer in Schlachtordnung zu stellen hat, muß daher aus der neu angeworbenen und noch ungeübten und undisciplinirten Mannschaft, die besten und schicklichsten auswählen, und sie an ihren rechten Ort zu stellen suchen, das heißt, er muß sie in Glieder ordnen, und diese Glieder unter sich verbinden, er muß das ganze Heer in verschiedene kleinere Haufen zertheilen, und sie unter sich harmonisch und zum Krieg tauglich machen. Von der Güte und Treflichkeit der Anordnung und Stellung des Heeres hängt alles ab, sowohl auf dem Marsch, als im Lager und im Treffen. Diese kann den größten Nutzen leisten. Wie oft sind nicht ansehnliche, aber undisciplinirte und ungeübte Heere, von geringen, aber in aller Betrachtung wohl exercirten Haufen aufgerieben worden? Daher hat Aeneas die Taktik so definirt, sie seye eine Wissenschaft der kriegerischen Bewegungen, und Polybius nennt sie eine Wissenschaft der Truppenstellungen, und der Auswahl und Ordnung derselben in verschiedene größere und kleinere Mannschaften, welche in dem was zu Führung eines Kriegs nothwendig ist, unterrichtet werden.

Viertes Kapitel.

Was eine Rotte sey, und wie stark sie seyn müsse?

Eine Rotte ist eine gewisse Anzahl Soldaten, welche einen an ihrer Spitze haben, und diesem, vom ersten bis zum lezten hintereinander gestellt, nachmarschiren. Einige geben sie acht, andere zwölf, noch andere sechszehn Mann stark an. Wir wollen das leztere annehmen. Diese Höhe reimet sich am besten zur Länge des Phalanx, er mag nun verdoppelt, und zwei und dreißig Mann hoch gestellt, oder zusammen gezogen und auf die Höhe von acht Mann vermindert werden. In beiden Fällen können die hinter dem Phalanx gestellte Leichtbewafnete in allen Stücken unbehindert seyn. Sie mögen sich nun der Wurfspieße, der Schleudern oder des Bogengeschoßes bedienen, mit leichter Mühe können sie über diese Höhe des Phalanx hinaus reichen.

Anmerkungen zum dritten und vierten Kapitel.

Arrian hat diese beide Kapitel des Aelians beinahe völlig abgeschrieben, und daraus sein achtes und neuntes gemacht. Auch Mauritius, Leo, und Constantinus haben ihn nicht weniger benutzet, wie wir in ihren Schriften hin und wieder finden. Der erste Grundsatz der alten Taktik bestund in der geschickten Vertheilung der größtentheils angeworbenen Soldaten, welche Arrian für das πρωτον und μέγιστον ἔργον in der Kriegswissenschaft hält. Da die Kriegsbewegungs-Kunst bei den Alten so geometrisch war, so kam auch das meiste auf diese Austheilung und Verbindung der einzelnen Theile mit dem Ganzen an. Dies war die Ursache, warum Philopömen von einem klugen Feldherrn verlangte, daß er nicht immer an der Spitze seines Heeres sich befinden, sondern bald da, bald dort, bald in der Mitte, bald bei dem Schluße seyn solle, um mit eigenen Augen wahrzunehmen, ob seine beliebte Ordnung aller Orten beibehalten werde.

Die

Von der Stärke einer Rotte.

Die erste Abtheilung welche mit den Soldaten vorgenommen wurde, bestand darinnen, daß man sie in λοχος oder Decurien oder Rotten zusammen ordnete. Das griechische Wort wird weitläuftiger genommen als das lateinische. Wir werden schon bei dem Onosander bemerkt haben, daß Xenophon den vierten Theil der Taxis, welche hundert Mann ausmachte, darunter verstund. Zu Lacedämon gehörte diese Benennung einem Corps zu, welches drei = auch vierhundert Mann stark war. Das Wort Decurie, wodurch die Lateiner λοχος übersetzen, ist schon bestimmter. Dies bedeutet nach seiner Ableitung aus dem Griechischen, zehn Mann, wurde aber von den Römern nur bei der Reuterei gebraucht. Im Teutschen kann man kein Wort dazu finden, welches eben so viel, und nicht mehr oder weniger als das Griechische bedeutet. Eigentlich bezeichnete lezteres eine gewisse Anzahl Soldaten, welche ihrer innern Verfassung nach, hinter einander stehen musten, und wovon der tapferste, und in aller Betrachtung der beste, der Anführer war. Unsere Rotten sind weder so stark, als die griechischen, noch demjenigen subordinirt, welcher vorne an steht; dies hieße schon bei uns eine Korporalschaft; nur muß man alsdann wieder bedenken, daß diese heut zu Tage nicht so gestellt wird, wie es die griechische Benennung erfordert.

Fünftes Kapitel.
Von der Stellung einer Rotte.

Der erprobteste einer Rotte, ist der erste und der Anführer derselben, und wird daher, ihr Haupt oder auch Lochagus und Protostata genennet. Der lezte aber in derselben heißt Uragus, und sie selbst wird Stichus und Decania und von einigen Enomotia zugenahmet. Es giebt aber Schriftsteller welche unter der lezten Benennung nur den vierten Theil der Rotte verstehen, und ihren Anführer den

Fünftes Kapitel.

Enomotarchen nennen. Zwei Enomotien benennten sie Dimörie, und den Anführer derselben hießen sie den Dimöritten, und aus gleichem Grund erhielte auch eine halbe Rotte den Namen Dimörie, so wie ihr Anführer den, eines Dimöritten. Hiezu wird allezeit der zweite in der Ordnung der Rotte genommen, dieser heißt Epistata, und folgt unmittelbar auf den Lochagum. Der dritte ist wieder ein Protostate, und der vierte heißt wie der zweite. Es bestehet also die ganze Rotte, aus Protostaten und Epistaten die wechselsweise hintereinander folgen. Der Lochagus muß nothwendig der tapferste und ansehnlichste unter allen seyn, und ihm müssen die Anführer der halben Rotte, und diejenigen welche schließen, beikommen. Aus dieser Anordnung entstund die Beschreibung der Rotte, daß sie eine, hinter dem Lochagen, nach dem Werth ihrer Tapferkeit gestellte Reihe, auf einander folgender Soldaten seye.

Anmerkungen zum fünften Kapitel.

Was bei den Griechen λοχαγος heißt, benennten die Lateiner Decurio, und Antecessor, wie Suetonius thut. Ουραγος aber übersetzten die Römer durch Tergidux, und Tergiductor. Der Kaiser Leo, giebt folgende Beschreibung vom Rottenführer, er sagt: λοχαγος λεγεται, ὁ πρῶτος τοῦ στίχου, ἤγουν τοῦ ὀρδίνου κατὰ τὸ βάθος, ὁ αὐτὸς δὲ λέγεται, καὶ πρίμος καὶ πρωτοστάτης. „Der Rottenführer ist der erste in der Rotte, oder in der Ord„nung, der Höhe nach, gerechnet. Er wird daher ohne Zusatz der erste, „oder der Protostate genennet.„ Diese Höhe oder βάθος belegte man auch figürlich mit dem Worte στίχος welches ein Vers heißet. Es fällt sogleich in die Augen, daß dies aus keiner andern Ursache geschehen sey, als weil die Verse hinter einander geschrieben werden. Die Vertheilung der Soldaten in diese Rotten, geschahe mit großer Vorsicht. Sie mußten alle einander gleich werden, und zwar sowohl in Ansehung der Quantität, als auch der Qualität der Leute. Man hatte überdies die Klugheit, und stell-

Von der Stellung einer Rotte.

te diejenigen, auf welche sich nicht so vollkommen zu verlassen war, in die Mitte, die besten aber vorne und hinten an, theilte aber die ganze Rotte, in Soldaten vom ersten und zweiten Rang ab. Um dies zu erleichtern, zergliederte man, wie Aelian bemerket, die Rotten selbst in vier Viertheile und stellte die vierte hinter die erste, und die dritte vor die zweite. Der Bewegungsgrund hiezu war folgender. Die Umstände hätten erfordern können, die Front so sehr als möglich zu verlängern, mithin in der Höhe abzubrechen. Wollte man nun letztere vier Mann hoch lassen, so mussten die übrigen 3 Viertheile oder Enomotien vormarschiren. Stunde nun das vierte Viertheil hinter dem ersten, und das dritte vor dem zweiten, so durfte nur eines an das andere, anschliessen, so kam das vierte und dritte in die Mitte, so daß sie die zwei vorzüglichsten Viertheil zu beiden Seiten hatten. Hiedurch war man auf alle Fälle gesichert.

Indessen ist das Wort Enomotie, nicht immer in einerlei Sinn genommen worden. Zu Lacedämon war es etwas ganz anderes; da bestunde sie aus 32 Mann, und war der halbe Theil des Fünftels von jenem ansehnlichen Lochus. Diese Benennung gehörte den Spartanern eigenthümlich. Schon die Ableitung des Worts, von ὀμνύω oder ὄμνυμι verräth, daß ein Eidschwur der Grund derselben gewesen seyn müsse. Diese Enomotien, schwuren sich nemlich, wie Hesychius und Suidas berichtet, vor dem Opferaltar, auf welchem noch das Opfer rauchte, feierlich zusammen, sich einander in keinem Fall zu verlassen, und dies machte sie in der That, ihren Feinden fürchterlich.

Sechstes Kapitel.
Von dem Syllochismus, oder von der Verbindung der Rotten.

Man nennt es einen Syllochismus, wenn man mit der ersten Rotte noch einen vereinigt, und zwar so, daß die beiden Rottenführer, imgleichen auch die beiden Epistaten, immer neben einander zu stehen kommen, und so muß es auch mit den nachfolgenden Soldaten gehalten werden. Derjenige heißt ein Parastate, welcher neben einen andern, in dem nemlichen Glied steht, so wie der Rottenführer der ersten Rotte, neben dem, der zweiten sich befindet. Ein gleiches gilt auch von den zweiten Soldaten, beider Rotten. Vereinigt man nun drei und vier auch mehrere, auf erstbeschriebene Art mit einander, so heißt dies, einen Syllochismus machen.

Anmerkungen zum sechsten Kapitel.

Die erste Figur auf der ersten Kupferplatte, wird die Verbindung der Rotten unter sich, oder den Syllochismus deutlich machen.

Arrian bedient sich hier würklich einer andern Schreibart als Aelian. In dem erstern finden wir συλλοχισμὸς, anstatt daß lezterer συλλογισμὸς schreibt. Das arrianische Wort muß von λόχος, welches eine Cohorte, ein Haufen Leute, eine Centurie, und eine Rotte heißt, abgeleitet werden, und kann daher nichts anders als eine Zusammenordnung solcher Mannschaften bedeuten. So wie dies Wort im Aelian angetroffen wird, stammet es von λέγω ab, und heißt mithin eine Sammlung. Ob nun gleich dieser Ausdruck auch auf gegenwärtige Stelle passet, so scheinet doch die Natur der Sache zu erfordern, die arrianische Schreibart anzunehmen, weil dadurch zugleich das Objekt der Sammlung benennt, und eine gewisse Art von Ordnung angedeutet wird.

Die

Siebendes Kapitel.

Die in diesem Syllochismus stehende Parasiatten, nennet Suidas ὁμίζυγοι τῶν λίχων. Das Wort ζυγὸς welches die Griechen zu Benennung ihrer Glieder brauchten, entspringet von ζεύγνυω, und wurde anfänglich von einem Joch Ochsen gebraucht. Da diese eben so geschlossen neben einander stehen müssen, wie die Soldaten in den Gliedern, so ist es erst auf letztere übergetragen, und in der militairischen Terminologie aufgenommen worden. Suidas erklärte es daher, wenn er schreibt: ζυγὸς ἐν τοῖς τακτικοῖς, τὸ ἐκ παριστηκότων ἀλλήλοις πλῆθος. durch einen Haufen Leute welche alle, seiner neben dem andern, stehen.

Siebendes Kapitel.

Von dem Phalanx, seiner Länge und Höhe. Was ζυγεῖν und ϛοιχεῖν heiße. Wie der Phalanx der Höhe und Länge nach in Flügel getheilt werde. Von der Stellung der Schwer = und Leichtbewafneten und der Reuterei.

Das ganze System mehrerer, nach obiger Methode unter sich verbundener Rotten, heißt Phalanx, dessen Länge, von dem ersten Glied, in welchem die Rottenführer stehen, angegeben wird. Dieses wird aber auch die Front, das Antlitz, das Treffen, das Glied, der Mund, die Anführer, die vorne dran stehenden, und Protolochie genennet. Alle übrige welche hinter dieser Front stehen, bis zu den letzten der Rotten, machen die Höhe aus. Der Länge nach die Leute zusammen stellen, nemlich die ersten der Rotten, und so auch die zweiten der Rotten neben einander, heißt Glieder ziehen; sie aber hoch stellen, sie zwischen den Logachum und Uragum, oder zwischen den Anführer und Rottenschließer ordnen, heißt Rotten ziehen.

Aelian.   C   Zieht

Von der Höhe und Länge des Phalanx.

Zieht man von der Mitte der Front des Phalanx aus, bis zu dem andern Ende der Höhe, eine gerade Linie, so wird dadurch derselbe in den rechten und linken Flügel getheilet. Der rechte heißt der Kopf, der linke aber der Schwanz, und der Theilungspunkt wird der Nabel, der Mund, auch die Stärke des Phalanx genennet.

Die leichten Truppen werden gleich hinter das schwerbewafnete Fußvolk gestellet, und hinter jene die Reuter. Wir werden aber in der Folge zeigen, daß man sie auch, nach Beschaffenheit der Umstände anders ordnen könne. Gegenwärtig wollen wir die Zahl der Schwerbewafneten, nnd der Reuterei bestimmen, und erklären, wie ein jedes geordnet werden müsse, wie man bei andringender Noth, in größter Geschwindigkeit die Glieder trennen und verändern soll, und was man bei den Bewegungen eines jedweden Haufens zu beobachten habe.

Anmerkungen zum siebenden Kapitel.

Aelian giebt hier eine Schlachtordnung an, welcher außer ihm kein Taktiker gedenket, als Arrian, der ihm in allen Stücken gefolget ist. Die Unnutzbarkeit, ja vielmehr das Schädliche dieser Stellung, fällt sogleich in die Augen, wenn man erweget, daß die Reuterei, welche ganz hinten stunde, ohne der größten Gefahr ihres Fußvolks gar nicht gebraucht werden konnte. Die Leichtbewafneten konnten noch weniger mit wirken, als welche ihre Schleudersteine und Schleuderkugeln, imgleichen ihre Wurfspieße und Pfeile in einer so großen Entfernung mit viel wenigerm Nachdruck abwarfen und abschoßen, und daher auch ihre schwerbewafnete Kameraden häufig treffen mußten.

Onosander giebt in dem 17 Kapitel seines Unterrichts eine ganz andere Vorschrift. Er will, daß alle Leichtbewafnete vorne an gestellt werden, und zeigt, wie unbrauchbar sie sind, wenn man sie hinter das schwere Fußvolk, oder wohl gar unter dasselbe stellt. Leo führt in seinem XIV. Kapitel §. 102. die nemliche Sprache. Nur Julius Afrikanus gehet in

sei-

seinem 63 Kapitel in etwas ab, lässet aber doch die leichten Truppen nicht so weit zurückstellen wie Aelian thut, sondern will vielmehr, daß sie bei dem Zurückzug das ganze Heer decken, mithin den Nachzug ausmachen sollen. Vegetius lässet ebenfals das leichte Fußvolk vorrücken, das Treffen anfangen, und alsdann erst hinter das schwere sich stellen, wenn es das seinige gethan hat, und sich zurückziehen muß. Die zweite Figur der I. Kupfertafel, setzet die aelianische Stellung und die von diesem Verfasser angebrachte Benennungen in ihr völliges Licht.

Nicht alle Taktiker haben mit dem Worte στόμα das nemliche bezeichnet. Aelian und Arrian benennen damit den Theilungspunkt, wodurch die ganze Länge des Treffens in dem rechten und linken Flügel zerfällt; andere aber und die meisten bedienen sich dessen, wenn von der ganzen Front die Rede ist. Xenophon nimmt es jederzeit in diesem Sinn. Auch Plutarch verstehet dadurch die ersten Glieder und Homer gebrauchet es, um damit die Front der bekannten Schlachtordnung Pläsium zu benennen. Suidas nimmt στόμα, πρόσωπον und πρωτοστάτη für gleichbedeutende Worte an, und wenn er von diesem mittlern Theilungspunkte spricht, so heißet er ihn vorzüglich ὀμφαλός (wie Pollux thut) bringet auch die Benennungen εὐοχὴ, φράγμα und κτόμα an, mit dem Zusatze, ὡς ἕτεροι. Ein offenbarer Beweis, daß dieser Ausdruck nicht durchgängig bekannt war.

Achtes Kapitel.
Von der zur Stellung einiger Schlachtordnungs-Arten nöthigen Anzahl Reuter wie auch schwer- und leichtbewafneter.

Die erforderliche Stärke eines Kriegsheeres kann unmöglich angegeben werden. Diese hängt einzig und allein, von der Macht desjenigen ab, welcher Krieg zu führen hat. Nur muß man sich zum Augenmerk machen, eine solche Anzahl zu wählen, welche zu Veränderung der Stellungen hinreichend ist, es sey nun, daß man die Front des Phalanx verdoppeln oder vervielfältigen, oder vermindern wolle. Aus diesem Grunde hat man eine solche Zahl ausgedacht, welche, auch sogar bis auf die Einheit immer in zwei gleiche Theile theilbar ist. Die meisten taktischen Schriftsteller haben daher den Phalanx der Schwerbewafneten auf 16384. Mann angesetzt, die Leichtbewafneten hingegen nur auf die Helfte, und die Reuterei auf das Viertel. Erst benennte Zahl 16384. kann immerzu in zwei gleiche Theile bis zur Einheit getheilet werden. Wir wollen sie also auch annehmen. Da nun eine ganze Rotte, aus 16 Mann besteht, so gehören zu den Corps der Schwerbewafneten in allen 1024 Rotten.

Neuntes Kapitel.

Von den Namen der Rotten, wenn sie 2. 4. 8. und 16 mal vervielfältigt werden. Wie stark jede Volksordnung sey, und wie viel sie Rotten enthalte. Wie ihre verschiedene Ar.führer heißen.

Diese ganze Rotten, müssen nun in ihre Ordnungen eingetheilet werden, deren jede einen besondern Namen erhalten hat.

Zwei Rotten werden Dilochie genennet. Sie besteht also aus zwei und dreißig Mann, und ihr Anführer heißt Dilöhite.

Vier Rotten machen eine Tetrarchie; ihr Haupt ist der Tetrarche, welcher vier und sechzig Mann commandirt.

Zwei Tetrarchien werden mit dem Namen Taxis beleget, welche hundert acht und zwanzig Mann enthalten und unter dem Taxiarchen stehen.

Zwei

Von den Namen der Rotten ꝛc. ꝛc.

Zwei Taxes werden Syntagma genennet; dies besteht aus sechszehn Rotten, und aus zweihundert sechs und fünfzig Mann; der Anführer ist der Syntagmatarche. Von einigen Schriftstellern wird es Xenagie genennet und nur auf zweihundert und sechs Mann angesetzt. Alsdann heißen sie aber den Anführer Xenagus. Zu dieser aus zweihundert und sechs und fünfzig Mann bestehenden Volksordnung, gehörten noch fünf ausserordentliche Officianten, nemlich der Fähnbrich, der Uragus oder Schlußofficier, der Trompeter, der Adjubant, und der Herold. Das Syntagma ist übrigens ein vollkommenes Viereck, weil es auf einer sechszehn Mann langen Front, auch sechszehn Mann hoch steht.

Zwei Syntagmen machen eine Pentacosiarchie aus, welche mithin aus fünfhundert und zwölf Mann oder zwei und dreißig Rotten besteht, und von den Pentacosiarchen angeführt wird.

Zwei Pentacosiarchien werden Chiliarchie genennet, so wie ihr Anführer Chiliarche. Sie hat tausend und vier und zwanzig Mann, und vier und sechzig Rotten.

Zwei Chiliarchien sind eine Merarchie, welche zweitausend und acht und vierzig Mann und hundert acht und zwanzig Rotten begreift. Der Merarche kommandirt sie. Einige heißen aber auch diese Soldatenordnung, Telos, und ihren Anführer Telearchen.

Zwei Telearchien werden Phalanxarchie genennet. Sie bestehet aus viertausend und sechzehn Mann, und aus zweihundert und sechs und fünfzig Rotten. Ihr Anführer ist der Phalanxarche. Da aber dieses Corps von einigen auch Strategie genennet wird, so erhält der Befehlshaber alsdann den Namen eines Strategus.

Zwei Phalanxarchien machen eine Diphalanxarchie aus. Diese besteht aus achttausend hundert und zwei und neunzig Mann, und aus fünfhundert und zwölf Rotten, einige nennen sie auch Meros und Flügel.

E 3 Zwei

Neuntes Kapitel.

Zwei Diphalanxarchien machen die Tetraphalanxarchie aus. Diese hat tausend und vier und zwanzig Rotten, und enthält sechszehntausend dreihundert und vier und achtzig Mann.

Ein vollkommener Phalanx begreift also in sich: zwei Flügel, vier Phalanxarchien, acht Merarchien, sechszehn Chiliarchien, zwei und dreißig Pentacosiarchien, vier und sechszig Syntagmen, hundert und acht und zwanzig Taxiarchien, zweihundert und sechs und fünfzig Tetrarchien, fünfhundert und zwölf Dilochien, und tausend vier und zwanzig Rotten.

Anmerkungen zum achten und neunten Kapitel.

So langsam die Griechen, insonderheit aber die Latedämonier, in Vermehrung und Verbesserung ihrer Reuterei waren, so klug war es von ihnen in der Folge, daß sie dieselbe auf das Viertel des Phalanx, oder der Schwerbewafneten, nemlich auf viertausend und sechs und neunzig Mann ansetzten. Es ist kein geringer Fehler in der römischen Strategik gewesen, daß man so wenig Reuterei unterhielt, und die Griechen bewiesen bei verschiedenen Gelegenheiten, durch ihr Beispiel, daß die Vernachläßigung derselben oft unwiederbringlichen Schaden verursache. Die Römer aber haben in dem zweiten punischen Krieg gelernet, wie viel auf eine gute Reuterei ankomme. Schon Cyrus sahe dies gar wohl ein, und er war der erste welcher den Persern Reuter gab. Philippus und Alexander unterhielten mehr Reuterei, als jemals vor ihnen üblich gewesen war. Der erstere nahm hierinnen den Epaminondas zum Muster, welcher größtentheils durch sie, seine Siege erfochte. Beide große Männer machten sich die Theßalier zu Freunden und Bundesgenossen; eine Nation welche sich damals durch ihre auserlesene Reuterei sehr berühmt gemacht hatte. Philippus machte sie sich auf ewig verbindlich, und versicherte dadurch sich und seinen Sohn Alexander ihre Reuterei ununterbrochen. Sobald dieser Eroberer den Umsturz Persiens beschlossen hatte, so wurde auch die seinige stärker, welche immer den fünften oder sechsten Theil seines Heeres ausmachte, und endlich verfiel er

gar

Von den Namen der Rotten ꝛc. ꝛc.

er gar auf den Gedanken, einen berittenen Phalanx aufzustellen, an dessen Spitze er sich ohne Ausnahme selbsten befand.

Man kann also sicher annehmen, je einsichtsvoller man in der Taktik wurde, desto mehr suchte man die Reuterei zu vervollkommnen, und sie zahlreicher zu machen. Im Gegentheil brach man nach und nach an der von dem Aelian festgesetzten Anzahl leichtbewafneter ab. Ganz konnte man sie unmöglich entbehren. Sowohl die Verschiedenheit des Terrains, als auch die Verschiedenheit der Kriegsbewegungen machte sie nöthig. Sehr ofte besiegten sie Schwerbewafnete. Warf doch das leichte athenientsische Fußvolk ein Corps von 600 schwerbewafneten Spartanern gänzlich über den Haufen, und Philippus sah sich genöthigt den leichten Truppen der Phocäer das Schlachtfeld zu überlassen.

Aus allem diesem erhellet, daß nach der damaligen Beschaffenheit des Kriegswesens das leichte Fußvolk so unentbehrlich war, als das schwere, und daß die aelianische Eintheilung sehr klug und verhältnißmäßig sey. Noch vortheilhafter aber war die in eilf kleinere Theile zerfallende Größe des mauerfesten Phalanx. Es war eine sehr weise Einrichtung, daß man schon zu 16 Mann einen Officier anstellte. Dies war unumgänglich nöthig. Die innre Verfassung des Phalanx ist viel zu gekünstelt gewesen, als daß nicht die geringste Unordnung eine große Zerrüttung hätte verursachen können. Es bestunde daher die ganze erste Linie aus Officieren, welche mit dem gemeinen Mann einerlei Waffen hatten. Nur einige Verzierungen an ihren Helmen und Schilden unterschieden sie von dem großen Haufen.

Da Aelians Bericht zu Folge weder eine Dilochie, noch Tetrarchie, noch eine Taxis das Recht hatte, eine Fahne zu führen, welches nur wenigstens zweihundert und sechs und fünfzig Mann, oder einer Xenochie ertheilt wurde, so erhellet, daß bei dem ganzen Phalanx vier und sechszig Fahnen waren, welche auch, da derselbe sehr hoch gestellt wurde, hinreichend, und hin und wieder ausgetheilet gewesen sind. Die Römer führten deren mehrere. Schon in den Zeiten der Republik hatte jeder Manipel, der doch nur 180 Mann stark war, seine eigene 2 Fahnen. Ihre Signiferi oder

Draco-

Neuntes Kapitel.

Draconarii, durften goldene Ketten tragen, wenigstens war dies in den Zeiten Ammiani Marcellini herkömmlich, wie dieser Schriftsteller in dem 4ten Kap. des 20ten Buchs ausdrücklich bezeuget. Vermuthlich haben auch die alten Griechen ein Unterscheidungszeichen vor diese Würde gehabt, wozu nur die getreuesten und erprobtesten Leute erwählt wurden. Und es kam auch nicht wenig auf die Erhaltung der Fahne an, da man mit selbiger in gewissen Fällen verschiedene Zeichen gab, wornach sich die Soldaten zu achten wusten.

Unter den vom Aellan benennten fünf Männern, stehet auch ein Uragus, welcher aber mit den Uragis der Rotten, oder mit den Rottenschließern nicht zu vermengen ist. Dieser Uragus war ein Officier, und Guischard vergleicht ihn mit unseren Majors. Hiezu wurde ein sehr erfahrener und vorsichtiger Mann erwählet, welcher darauf sehen muste, daß die Glieder durch keinen Zufall getrennet wurden. Suidas sagt uns dies, und gedenket auch dabei, daß der Υπηρέτης oder der Adjubant, Nachrichten und mündliche Befehle hin und her zu bringen gehabt habe.

Der Στρατοκήρυξ war der Ausruffer der Befehle des Heerführers; wenn seine Stimme nicht mehr gehört werden konnte, so muste der Fähndrich durch Zeichen reden, welche er mit den Fahnen gab, und wurde der Staub so groß, daß auch die nicht mehr gesehen wurden, so muste der Trompeter, des Feldherrn Befehl kund machen. Auch dies finden wir in dem Suidas. Hätte man damals schon unsere lermende Trommeln gehabt, so würden, weder die Zeichen mit den Fahnen, noch der Herold nöthig gewesen seyn, welcher seines wichtigen und unentbehrlichen Amtes wegen in grosser Achtung stund, und dem sogar von den Feinden selbst ehrerbietig begegnet wurde.

Was die hier von dem Aelian angebrachte Benennungen der verschiedenen Abtheilungen einer Phalanx betrift, so muß man bemerken, daß einige derselben bei andern Schriftstellern zuweilen auch eine andere Bedeutung, die durch sie bezeichnete Gegenstände aber, oftmals andere Benennungen haben. So ist z. E. Aelians Taxiarche, und der bei einigen Autoren bekannte

kannte Hecatontarche, einerlei. Bei den alten Lacedämoniern hieß λοχος was Aelian und Arrian Pentacosiarchie nennt, und in diesem Sinn wird es durchgehends vom Xenophon und Thucydides gebraucht. Auf gleiche Weise wurden auch Phalanx und Phalanxarchie sehr ofte mit einander verwechselt. Man muß daher bei Lesung der alten Taktiker sehr behutsam gehen, und vor allen Dingen die Bedeutung dieser Redensarten aus der Geschichte und dem Alterthume zu entziffern wissen.

Zehntes Kapitel.
Von den Phalanxarchen, Merarchen, Tetrarchen, und andern Officiersstellen.

Der beste und vorzüglichste Phalanxarche, muß auf dem rechten Flügel gestellet werden, der zweite auf den linken. Derjenige welcher in der Rubrik der Tapferkeit der dritte ist, hat seinen Standplatz ebenfalls auf dem linken Flügel, aber gegen dem Mittelpunkt zu, und der vierte findet ihn bei den ersten auf dem rechten Flügel, gegen die linke Seite, mithin ebenfalls gegen den Mittelpunkt zu.

Die erste und vierte Phalanxarchie hat also Befehlshaber, welche in Rücksicht auf ihre Tapferkeit den ersten und vierten Platz verdienen, und so auch die zweite und dritte. Wir werden also zeigen, daß die erste und vierte Phalanxarchie, der zweiten und dritten vollkommen gleich sey, und daß auch ihre Anführer unter sich nicht verschieden sind.

Die Merarchen werden nach dem nemlichen Grundsatz gestellet. Der erste der ersten Phalanxarchie nimmt die linke Seite ein, der zweite hält sich auf die rechte des zweiten einfachen Phalanx, der dritte auf die linke des britten, der vierte aber steht auf der rechten des vierten. Dies Verhältniß muß auch in Stellung einzelner Tetrarchien unter den

Rottenführern beibehalten werden, so daß der tapferste, die erste Rotte, der nach ihm folgende, aber die vierte erhält. Auf diese Art werden die Dilochien mit einander abgeglichen, weil die erste Anführer bekommt, welche nach den Graden der Tapferkeit betrachtet, den ersten und vierten Platz inne haben, mithin der zweiten vollkommen gleich wird, als welche den zweiten und dritten Logachen erhält. Es ist ein mathematischer Lehrsatz: wenn zwischen vier Größen Verhältniße anzutreffen sind, welche von der ersten und vierten entstehen, so ist der Abstand dieser beiden, dem Abstand der zweiten und dritten gleich. Da nun in einem Syntagma vier Tetrarchien enthalten sind, so müssen nach der nemlichen Analogie die Syntagmata geordnet werden, nemlich daß der Tetrarch der ersten Tetrarchie eines jedweden Syntagmatis, als der erste und vornehmste auf die rechte Seite, der Tetrarch aber der vierten Tetrarchie zur linken Seite gestellet werde, in der Ordnung aber der zweite sey; so muß auch der Anführer der dritten auf der rechten Seite der dritten, und der Befehlshaber der zweiten, links in derselben stehen, in der Ordnung aber der vierte seyn. Gleiche Regel muß unter den übrigen Volksabtheilungen des Phalanx beobachtet werden.

Eilftes Kapitel.

Von dem Abstand eines schwerbewafneten Soldaten von dem andern, und von dessen Verschiedenheit, in gewöhnlicher, geschlossener und gedrängter Ordnung.

Gegenwärtig wollen wir von dem Abstand eines schwerbewafneten Soldaten von dem andern reden, und zwar sowohl in Ansehung der Front, als auch der Höhe. Dieser Abstand ist dreierlei Art. Zu aller-

Von dem Abstand eines schwerbewafn. Soldat. v. dem andern. 39

allererst stellt man sie, der Bewegung wegen etwas weit von einander, so daß ein Soldat den Platz von vier Ellenbogens Längen, (oder sechs Schuhen) erhält. Steht er geschlossen, so hat er nur den Raum von zwei dergleichen, oder drei Schuhen; und steht er vollends in gedrängter Ordnung, so hat er nicht mehr Platz vor sich, als die Länge eines Ellenbogens, (oder 1 Schuh) ausmacht. Die geschlossene Ordnung macht den Abstand geringer, und zieht das Volk sowohl in den Gliedern als in den Rotten mehr zusammen, doch, daß sich der Soldat noch bewegen kann. Die gedrängte Ordnung aber, oder der Synaspismus schließet den Phalanx noch mehr Mann an Mann nach der Front und nach der Höhe, so daß sie sich berühren, und weder rechts noch links bewegen können. Wenn man die Feinde angreiffen will, so geschiehet es in geschlossenen Gliedern; in gedrängter Ordnung aber hält man den Angriff der Feinde aus. Da nun die Front des Phalanx tausend und vier und zwanzig Mann enthält, so müssen sie nothwendiger Weise nach der ersten Stellung einen Platz von vier tausend und sechs und neunzig Ellenbogens Längen haben, das sind zehen Stadien, und sechs und neunzig dieses Maasstabes drüber; in geschlossenen Gliedern haben sie fünf Stadien und acht und vierzig solche Längen nöthig; in gedrängter Ordnung aber, brauchen sie nur dritthalb Stadien und vier und zwanzig.

Anmerkungen zum zehnten und eilften Kapitel.

Die nemliche Standordnung, welche Aelian in dem zehnten Kapitel den vier Phalanxarchen, eines großen Phalanxes nach dem Verdienst ihrer Tapferkeit anweißt, wurde auch bei den Rottenführern selbsten beobachtet. Vier Rotten machten bekanntermaßen eine Tetrarchie aus. Die erste und vierte Rotte nahm also die rechte Seite ein, und die zweite und dritte die linke. Dieser Grundsatz erstreckte sich sogar bis auf die vier Viertheile oder Enomotien einer Rotte, wie schon in den Anmerkungen zu dem fünften Kapitel bemerket worden ist. Man siehet aus allen Umständen, daß die Alten

F 2 bei

Eilftes Kapitel.

bei der Einrichtung und Anordnung ihres Kriegswesens, immerzu einerlei Grundsätze beobachteten, und nach diesen Leitfaden von der höchsten Würde, bis zur untersten Stelle herab stiegen. Diesen Gedanken mag ihnen nicht nur ihre große Ordnungsliebe, sondern auch die Politik selbst eingegeben haben. Der erste Rottenführer sah sich schon im kleinen zu dem Aufsehen eines Phalanxarchen hinauf gewürdigt; und dies muste nothwendig Aemulation erwecken. Diese Stellung gieng also blos die Ehre und den Rang an.

Die andern Stellungen aber welcher Aelian im eilften Kapitel gedenket, hiengen von andern Umständen ab. Sollte der Soldat nur paradiren, (alsdann heißt er bei dem Aelian, ἀνὴρ τεταγμένος) so hatte er die Längen von vier πήχεις zu seinem Standplatze. Πῆχυς aber ein Ellenboge, betrug nach unserem heutigen Maasstabe ohngefehr einen und einen halben Schuh. Man kann sich nun hieraus einen Begrif machen; was der Synaspismus der Alten müsse gewesen seyn, in welcher Stellung der bewafnete Soldat mehr nicht als 1 ½ Schuh Raum hatte. Alsdann war er nicht mehr im Stande sich vor sich zu bewegen, konnte also weder rechts noch links um machen, vielmehr schützte man sich nur auf diese Art, gegen die abgeschoßne Pfeile und Wurfspieße, und gegen die heran fliegende Steine, und Schleuderkugeln der Feinde. Der ἀνὴρ πεπυκνωμένος, oder der in geschloßner Ordnung aufmarschirende Krieger, behielte doch noch so viel Luft, daß er sich nach Beschaffenheit der Umstände drehen und wenden konnte. Die Geschichte ist vol Beispiele, wie viel die Alten durch diesen festen Schluß ausgerichtet haben. Da nach den Grundsätzen der geschlossenen Stellung, in dem Glied selbsten, von einem Mann zum andern, mehr nicht als eines Schuhes Raum war, so musten nothwendig von einem Glied zum andern, zwei Schuh Platz werden, wenn die Soldaten ihre Front veränderten, und entweder rechts oder links um sich wendeten. Dies war Platz genug, mit Beibehaltung der schlachtordnungsmäßigen Stellung hin und her zu marschiren, und nach erreichter Absicht die Front nochmals zu verändern, und den ersten Sehpunkt wieder einzunehmen. Diese geschloßsene

sene Stellung war also weit vortheilhafter als jene gedrängte, in welcher sich die Soldaten nur leidend verhalten, und nach ausgehaltenem Sturm des feindlichen Geschosses, nothwendig wieder aus einander treten mußten, wenn sie anders die Feinde angreifen, oder sich gegen sie vertheidigen wollten.

Zwölftes Kapitel.
Von der Bewafnung des Phalanx.

Schild und Lanze sind die Waffen des Phalanx. Der beste Schild ist der kupferne macedonische. Er darf nicht allzu convex seyn, und muß acht Palmen im Diameter haben. Die Lanze aber soll wenigstens die Länge von acht Cubitus (oder 12 Schuhen) erreichen, und wollte man sie länger machen, so muß sie doch der Soldat wohl fassen und regieren können.

Dreizehntes Kapitel.
Von den Rottenführern oder dem ersten Glied, und von den Epistaten oder den zweiten und folgenden Gliedern.

Da die Lochagen oder Rottenanführer das erste Glied der Front ausmachen, so muß man hiezu die besten Leute nehmen. Sie müssen nicht nur größer und stärker seyn, als alle übrige, sondern auch eine erprobte Kriegserfahrenheit besitzen. Das erste Glied enthält gleichsam den ganzen Phalanx, und ist daher am würksamsten. Denn so wie die Schneide eines Schwerds ihre ganze auffallende Schwere von dem Gewicht des Klingenstahls erhält, eben so ist auch das Glied der Rottenführer für die Schneide des Phalanx anzusehen, deren Gewicht und Schwere in dem nachfolgenden Soldatenhaufen besteht. Mithin sind auch in das zweite Glied auserlesene Leute zu stellen, weil ihre Lanzen beinahe eben so weit reichen als die Lanzen des ersten Gliedes, und demselben der Nähe wegen in allen Stücken Hülfe leisten können. Wenn überdies ein Rottenführer getödtet oder verwundet wird, so tritt einer von den hinter ihm stehenden Kameraden sogleich in seinen Platz ein, und erhält dadurch die Ordnung. Auf gleiche Art muß man das dritte und alle folgende Glieder ordnen, und dabei immer Leibesstärke und Tapferkeit zum Maasstabe annehmen.

Anmerkungen zum zwölften und dreizehnten Kapitel.

Wenn Aelian den kupfernen macedonischen Schild für den besten hält, so muß man nicht glauben, daß dergleichen ganz von Metall waren, sondern sie sind nur damit überzogen gewesen. Denn es gab, wie wir aus verschiedenen Schriftstellern wissen, aus Weiden geflochtene, hölzerne, lederne, aus frischen Ochsenhäuten verfertigte, und kupferne Schilde. Zum Unterschiede von den erstern, gedenket Aelian des letztern. Ein ganz metallener Schild, wäre viel zu schwer, als daß ihn, der ohnehin genug beladen gewesene Grieche, hätte führen, und dabey fechten können. Hesychius sagt auch ausdrücklich, daß nur ihre äussere Oberfläche damit überzogen gewesen sey. Daher hatten die Macedonier den Namen χαλκασπιδες, oder vielmehr ein Corps des macedonischen Heeres welches nemlich dergleichen Schilde führte, hatte diese Benennung. Dem griechischen Soldaten fiel sein Schild, den Aelian acht Palmen groß im Diameter angiebt, nicht beschwerlich, denn er war länglicht rund, und hielte nur ohngefähr 18 Zoll im Diameter. Der römische war bekanntermaßen ungleich größer, und hoch genug, daß der Soldat darauf ruhen konnte. Ueberdies hatte er eine cylindrische Figur, und dies machte ihn viel unbequemer. Dies war aber auch die Ursache, warum die Römer nicht so lange Lanzen führen konnten, als die Griechen, de-

Von den Rottenführern oder dem ersten Glied.

ten ungeheure Länge ungemein beschwerlich gewesen seyn muß. Dies war auch ein Bewegungsgrund mit, warum diese Nation in ihrer Taktik einen Hauptgrund-Satz daraus machte, sowohl Front als Rücken bei einem jeden Corps, durch eine geschickte Wahl auserlesener Soldaten zu verstärken; solcher Leute, welche mit nicht geringer Sorgfalt aus dem ganzen Heere zusammengesucht waren, und sich sowohl durch ihr gutes Aussehen und erprobte Leibesstärke, als auch durch Wissenschaft und Kriegskenntniße unterschieden. Xenophon nahm daher schon von der Schneide eines Schwerdes dasjenige Gleichniß her, welches auch Aelian beibringet, wenn er das Gewichte der Phalanxordnung deutlich machen will, und sagt von einem Hauß, daß es ein unnützes Gebäude sey, wenn der Grund und das Dach untauglich sind, eben so unnütz aber wäre eine Schlachtordnung eingerichtet, wenn nicht die erstern und hintern Glieder aus dem Kern des Heeres bestünden. Onosander sagt gleich, bei dem Anfange seines Werks, ein guter General habe hauptsächlich darauf zu sehen, daß er solche Leute zu Rottenführern auswähle, welche von der Vaterlandsliebe beseelet werden, und von erprobter Treue und Leibesstärke sind, womit auch Aeneas, Homer, Arrian, Leo, und Constantinus Porphyrogenita übereinstimmen.

Vierzehntes Kapitel.
Von dem macedonischen Phalanx und von der Länge der Sarißen.

Der macedonische Phalanx ist einzig und allein durch die Ordnung seiner Glieder den Feinden so fürchterlich und unwiderstehlich geworden. So bald er das Treffen anfangen und mit geschlossenen Gliedern den Angriff thun muste, so wurde auf jeden Soldaten nur zwei Cubitus Platz gerechnet. Die Länge der Sarißen betrug nach Alter und

und ursprünglicher Gewohnheit sechszehn Cubitus, oder Ellenbogenslängen, eigentlich aber nur vierzehn, und von dieser Länge muß man allerdings zwei abrechnen, welche der Soldat für seine beide Hände zu Festhaltung der Lanze nöthig hatte, so daß er zwölf solche Cubitus weit damit reichen konnte. Wenn man nun bei denenjenigen welche in dem zweiten Glied stunden vier abrechnete, reichte ihre Sariße doch noch zehn Cubitus über das erste Glied hinaus, die in dem dritten, konnten acht, die in dem vierten, sechs, die in dem fünften, vier, und die in dem sechsten Gliede zwei Cubitus weit, über das erste, hinaus langen. In den folgenden Gliedern aber konnte es nicht mehr damit erreicht werden. Da nun auf diese Art auf einen jeden Mann des ersten Gliedes fünf auch sechs Sarißen zu rechnen sind, so ist nichts wahrscheinlicher, als daß dieser Anblick den Feinden sehr fürchterlich seyn, der Soldat hingegen welcher fünf und sechs Sarißen zu seiner Beschützung um sich her hat, nothwendig muthig gemacht werden müße. Diejenigen welche nach dem sechsten Glied stehen, und mit ihren Sarißen nichts ausrichten können, vermehren durch Gewicht ihrer aufliegenden Körper nicht nur die Gewalt des Phalanx, sondern benehmen auch, den in den erstern Gliedern stehenden Kameraden, alle Hofnung zur Flucht.

Einige haben den in den hintern Gliedern stehenden schwerbewafneten Soldaten, längere Lanzen gegeben als den erstern, so daß die Lanzenspitze des dritten und vierten Gliedes, mit der, des ersten gleich wurde, und gegen die Feinde alsogleich benutzt werden konnte.

Der ausserordentliche Rottenschließer in einem jedweden Syntagma, muste ein kluger und erfahrner Mann seyn; denn er hätte darauf zu sehen, daß die Mannschaft richtig schoß, und sich gehörig rottete, er muste sie in ihre Glieder zurückweisen, wenn hie und da ein Mann entweder aus Furcht, oder anderer wichtiger Ursachen wegen, austratt. Wenn die Nothwendigkeit, in gedrängter Ordnung anzumarschiren befiehlt,

Von dem macedonischen Phalanx ꝛc.

ſiehlt, ſo muß er die Soldaten auf das engſte zuſammenrücken laſſen, als wovon die ganze Kraft des Phalanx abhängt.

Urſachen genug, welche einen Officier zum Schluß der Rotten eben ſo nothwendig machen, als an der Spitze.

Anmerkungen zum vierzehnten Kapitel.

Die Länge der Lanzen, wodurch der Phalanx ſo fürchterlich wurde, gereichte ihm nicht nur zu groſſer Beſchwerde, ſondern auch ſehr oft zum Verderben. Bei der Belagerung von Edeßa, zeigte Cleonymus, wie ſich Polyän in dem 29ten Kapitel ſeines 2ten Buchs ausdrückt, daß die Länge der Sariſſen unnütz und ſchädlich ſey. Als die Einwohner dieſer Stadt einen Ausfall wagten, ſo ſtellte er ihnen in ſeiner erſten Linie lauter Leute entgegen, welche keine Lanzen hatten, und befehliget waren, die feindlichen plötzlich mit beiden Händen zu ergreifen, und feſte zu halten. Indeſſen muſte das zweite Glied, vortretten, und die auf dieſe Art wehrlos gemachte Rottenführer der Edeßer, umbringen. Wären die Sariſſen kürzer geweſen, ſo würde ſie, der damit bewafnete Soldat viel leichter haben regieren können. Seine natürliche Leibesſtärke würde würkſamer geworden ſeyn, anſtatt daß ſie vielmehr, durch die Länge dieſer Waffen unthätiger wurde. Der Phalanx würde nicht ſo viele herrliche Thaten gethan haben, wäre er nicht aus den tapferſten Leuten ausgeſucht geweſen, und hätte er nicht ſeine Siegestrafe hauptſächlich in die beinahe undurchdringliche gedrängte, und ſechszehn Mann hohe Stellung geſetzt, wodurch dem Angriff ſowohl als dem Widerſtand ſein Gewichte gegeben wurde. Die Länge der Sariſſen würde der Tapferkeit ſehr oft Grenzen geſetzt haben, wenn ſie nicht durch letzteres wäre angeflammt und erhalten worden.

Wenn daher Aelian meldet, daß es Leute gab, welche die in den hintern Gliedern ſtehenden Soldaten mit längeren Lanzen bewafnet haben, als die erſtern, ſo iſt dies von den älteſten Zeiten zu verſtehen. Die Erfahrung hatte bald gelehrt, daß dies verlängerte Gewehr viel ſchwerer zu regieren

Aelian.

sey, und ist daher durchgängig gleich geblieben, auch nach und nach um einige Schuhe abgekürzet worden.

Die phalanxmäßige, geschlossene oder gedrängte Stellung erforderte allerdings Aufmerksamkeit und Vorsicht. Aelian gedenket daher in diesem Kapitel, daß ein ἔκτακτος οὐραγός, oder ein außerordentlicher Rottenschließer, über das ganze Syntagma, in Ansehung der regelmäßigen Stellung, die Aufsicht gehabt habe. Man erinnere sich, was schon bei Gelegenheit des achten Kapitels gesagt worden ist, in welchem Aelian von fünf außerordentlichen, bei einer Xenagie oder Syntagma angestellten Officianten redet, welcher er ἔκταχοι ἄνδρες nennet, und worunter sich auch ein οὐραγός befindet. Arrian giebt ihm das Beiwort τηλίκυτος, Aelian nennet ihn aber gegenwärtig ἔτακτος, welches anzeiget, daß dergleichen Officiere ehehin schon bei einer Taxi angestellt war, in der Folge aber erst einer Xenagie zugeordnet wurde. Der Autor des alten Kriegswörterbuchs sagt auch ausdrücklich unter dem Wort Ἔτακτοι: τύτης τὸ μὲν παλαιὸν ἡ τάξις ἄχιν, ως καὶ τύνομα δηλοῖ, διότι ταξεως ἐξαρίθμοι ἧσαν, νῦν δὲ καὶ τοῦ συντάγματος λέγονται, καὶ τῶν ἄλλων. Alle Taktiker haben daher die Anweisung gegeben, zu allen Zeiten und in allen Fällen den Rücken mit tapfern und vorsichtigen Leuten wohl zu verwahren.

Fünfzehntes Kapitel.
Von der Stellung der Leichtbewafneten.

Da wir nunmehr vollständig genug, von der Art und Weise, wie die Schwerbewafnete des Phalanx zu stellen sind, gesprochen haben, so müssen wir auch von den Leichtbewafneten reden. Mit dieser Gattung von Kriegsvölkern muß sich ein Feldherr nach der Stellung der Feinde richten, nnd sie entweder vor oder nach dem Phalanx stellen, je nachdem es die Nothwendigkeit erfordert. Es ist also folgendermaßen damit zu verfahren. Wir wollen sie in Ansehung der Rotten dem Phalanx gleich machen, und deren tausend und vier und zwanzig annehmen. Die erste Rotte ist unmittelbar nach der ersten der schwerbewafneten zu stellen, die zweite nach der zweiten, und so weiter, nur mit dem Unterschied, daß diese Rotten nicht sechszehn Mann, sondern nur acht Mann stark seyn dürfen. Tausend und vier und zwanzig Rotten, bestehen also nur aus achttausend und zwei und neunzig Mann, welches die Hälfte der Schwerbewafneten ist.

Sechszehntes Kapitel.
Von den Namen und den Volksordnungen der Leichtbewafneten.

Ihre Namen und verschiedene Ordnungen sind folgende. Vier Rotten der Leichtbewafneten heißen eine Systasis, und enthalten zwei und dreißig Mann.

Zwei Systasen machen eine Pentecontarchie aus, welche vier und sechszig Mann begreift.

Zwei Pentecontarchien werden Hecatontarchie genennet, welche hundert acht und zwanzig Mann stark ist, und jederzeit fünf Mann über die Zahl hat, nemlich einen Fähnbrich, einen Uragus, oder Schlußofficier, Trompeter, Adjubant und Herold.

Zwei Hecatontarchien machen eine Psilagie aus, welche zweihundert sechs und fünfzig Mann stark ist.

Zwei Psilagien werden Xenagie genennet, und besteht aus fünfhundert und zwölf Mann.

Zwei Xenagien sind ein Systremma das viertausend und vier und zwanzig Mann hat.

Zwei Syſtremmata heißen Epirenagie welche zweitauſend acht und vierzig Mann enthält.

Zwei Epirenagien machen einen Stiphus von vier tauſend ſechs und neunzig Mann aus.

Zwei Stiphus aber ſind ein Epitagma. Dies beſteht aus tauſend und vier und zwanzig Decurien, welche zuſammen achttauſend hundert und zwei und neunzig Mann enthalten. Bei dieſem Corps ſind überdies noch acht Commandanten angeſtellet, nemlich vier Epirenagen und vier Syſtematarchen.

Siebenzehntes Kapitel.
Von der Brauchbarkeit der Bogen- und Wurfſpieß-Schützen und Schleuderer.

Die Bogen- und Wurfſpieß-Schützen, wie auch die Schleuderer ſind zur Ausforderung des Feindes und Anhebung des Treffens ſehr wohl zu gebrauchen. Sie zerbrechen die Waffen, verwunden und tödten die Leute von ferne, und veranlaſſen große Unordnungen; ſie treiben ſogar Reuterei zurück und verjagen diejenigen, welche ſich ins freie Feld hinaus wagen. Sie dienen ſowohl zu Auskundſchaftung verdächtiger Gegenden, als auch zum Hinterhalt. Mit einem Wort, ſie thun den Angriff und hören ſo lange das Treffen dauert nicht auf zu fechten, daher ſie denn von unbeſchreiblichem Nutzen ſind.

Anmerkungen zum fünfzehnten, ſechszehnten und ſiebenzehnten Kapitel.

Von dem Phalanr oder derjenigen Gattung Fußvolts, welches das ſchwerbewafnete genennt wird, gehet Aelian ſogleich zu den leichten Truppen über, und

Brauchbarkeit der Bogen- u. Wurfspieß Schützen ꝛc.

und gedenket der Peltasten gar nicht mehr. Gleich in dem zweiten Kapitel, hat er sie, wie es scheint unter letztere gerechnet, aber ohne allen Grund, wie daselbst gezeigt worden ist. Wir haben also in Ansehung ihrer gewöhnlichen Anzahl, und der verschiedenen Benennungen ihrer Corps diejenige Gewisheit nicht, welche uns Aelian von den schweren und leichten Truppen ertheilet. Aus diesen Peltasten haben die Könige sehr oft ihre Leibwache gemacht, da ihnen denn der Name Agema gegeben wurde, und ist ein solches Corps von ungleicher Stärke, zuweilen dreitausend Mann stark gewesen. Man bemerkte gar wohl, daß der eigentliche Phalanx, welcher zwar jederzeit in Ansehen blieb, nicht immer gleiche Dienste leisten konnte. Es gab Fälle, wo er zu schwer war, als daß er hätte so frei, so unbehindert, und so leicht, sich schwenken, bewegen und handeln können, als man es nöthig hatte. Alexander ließ sich daher die Vervollkommnung seiner Peltasten vorzüglich angelegen seyn. Es gehöret ihnen auch mit allem Rechte der erste Platz nach dem Phalanx. Die leichtbewafneten Soldaten, konnten sich auch unmöglich in die Achtung versetzen, welche sich sowohl die Hopliten als Peltasten zu erwerben wußten. Hieran war nicht allein die Art ihrer Bewafnung selbst, sondern auch ihr äusserliches Ansehen, ihr Alter, ihre Erfahrung schuld. An allem diesem waren die beiden erstbenannten Gattungen von Kriegern dem leichten Fußvolk überlegen, welches sich erst zu weitern Stufen nach und nach tauglich machen muste.

Wenn das indessen wohl geübt war, so konnte es bemohnerachtet gute Dienste leisten. Man findet in den alten Geschichtschreibern bewundernswürdige Anmerkungen von der Fertigkeit und Geschicklichkeit der Schleuderer sowohl, als der Schützen, wenn sie nach einem gewissen Ziel warfen oder schoßen, welches sie in einer Entfernung von sechshundert Schritten zu treffen wußten. Sie konnten überdies dem Wurfspieß, dem Stein und der bleiernen Kugel eine solche Schwere geben, daß sie damit im Stande waren, Helm und Schild zu zerbrechen. Zum Angriff waren sie also vortrefflich, zumal da sie in zerstreuten Haufen auf die Feinde eindrangen. Die Natur der Sache selbst hat ihnen demnach im Treffen den ersten Platz zu ihrem Standort angewiesen.

Achtzehntes Kapitel.
Von der rauten= kegel= und schlachtförmigen Stellung der Reuterei.

Die Alten haben die Reuterei entweder in ordentliche oder in länglichte Vierecke, in rauten= oder in kegelförmige Schlachtordnungen gestellet, keiner aber unter ihnen hat uns von allen diesen Stellungen einen vollständigen Begriff hinterlassen. Wir müssen daher unserer Beschreibung auch Abbildungen hinzufügen damit wir dadurch desto verständlicher werden.

Die Thessalier sollen sich vorzüglich der rautenförmigen Schlachtordnung bedienet haben. Sie hatten sehr viele Reuterei, und man sagt, Jason habe diese Figur zuerst angegeben, und sie für die brauchbarste in allen Zufällen gehalten, weil die Reuter, wenn es nöthig war, überall zu Front machen, mithin weder vom Rücken her, noch von der Seite umringt werden konnten. Die auserlesensten Leute stellte man auf die Seiten, und die Anführer in die Winkel. In dem ersten oder obern stunde der Ilarche, in dem rechten und linken die Plagiophylaces oder Seitenbewahrer, und in dem untersten der Rottenschließer. (Tab. 1. Fig. 3.) Die Scythen und die Thracier scheinen die kegelförmige Ordnung vor allen andern beliebt zu haben; auch die Macedonier bedienten sich derselben, bei welchen sie von dem König Philipp eingeführt wurde. Dieser zog sie den Schlachtordnungen ins Gevierte weit vor, und hielt sie aus dem Grund für vortheilhafter, weil die Officiers rings herum ausgetheilt sind, und überdies die Front sehr schmal und spitzig ist, wodurch es sehr leicht wird, durch jede kleine Oefnung einzudringen, und sich links und rechts mit desto größerem Nachdruck zu schwenken, da sich hier die ungleich schwere, den Quadraten eigene Umschweife nicht vorfinden. Diese Stellungen im Vierecke sind von den Persern, den

Sici=

Achtzehntes Kapitel.

Sicilianern, und den meisten griechischen Völkerschaften angenommen worden, denn sie waren der Meinung, sie könnten nicht nur leichter geordnet, sondern auch gemächlicher beritten werden, daher sie vor allen andern Stellungen den Vorzug verdieneten. Daß sie leichter zu ordnen ist, kommt daher, weil die Reuter regelmäßig in Gliedern und Rotten stehen, wozu noch kommt, daß die Commandanten an der Spitze sind, und zugleich auf den Feind einbringen. (Tab. 1. Fig. 4.) Unter diesen allen aber sind diejenigen die besten, welche doppelt so lang als hoch sind, und z. E. acht oder zehn Mann in der Front haben, und dagegen nur vier bis fünf Mann hoch stehen. (Tab. 1. Fig. 5.) Der Zahl nach sind zwar diese Schlachtordnungen länglicht, der Figur nach aber ächte Quadrate. Denn wenn man die Länge des Pferdes mit der Breite vergleichet, so ist ganz natürlich, daß mehr Soldaten in den Gliedern, als in den Rotten stehen müssen. Einige haben das Drittheil der Front zur Höhe genommen, und glaubten auf diese Art das regelmäßigste Quadrat zu erhalten. Denn ein Pferd wird allerdings dreimal so lang als breit seyn. Dies war die Bewegursache, warum sie die Reuterei nur drei Mann hoch stelleten, wenn die Front neun Mann lang war. Denn die Höhe der Glieder hat bei ihr nicht den nemlichen Nutzen, wie bei dem Fußvolk. Bei den ersten trugen die hintern Glieder nichts zur Lebhaftigkeit des Widerstandes bei, indem sie weder vordringen, noch ihren Vormann anhalten, als wodurch eigentlich der ganze Haufe, nur ein Gewicht ausmacht. Wenn dies die Reuterei thäte, so würden die Pferde in die gröste Unordnung gebracht werden, wodurch man seinen eigenen Leuten mehr Schaden zufügen könnte, als den Feinden selbst.

Wenn nun die Anzahl der Reuter, in Gliedern sowohl als in Rotten einander gleich ist, so werden sie zwar der Zahl nach, ein regelmäßiges, aber der Figur nach, ein oblonges Viereck beschreiben. Hieraus

aus folgt das Gegentheil; wenn nemlich die Schwadron, der Figur nach, ein regelmäßiges Viereck ausmacht, so müssen mehr Reuter in der Front, als in den Rotten stehen.

Neunzehntes Kapitel.
Von der Entstehung der rautenförmigen Schlachtordnung der Reuterei, und von ihrer Verschiedenheit bei den Alten; imgleichen von andern Stellungen.

Die rhomboidalische Stellung ist wahrscheinlicher Weise aus keiner andern Ursache aufgekommen, als weil sie vor die vortheilhafteste angesehen worden ist. Der Jlarche stehet an der Spitze, und die zu beiden Seiten befindliche Reuter, sind so geordnet, daß sie keineswegs mit dem Jlarchen ein Glied ausmachen, sondern nur so weit zurückstehen, daß die Köpfe ihrer Pferde, bis an die Schulter des Pferdes ihres Anführers reichen. Es muß also zwischen den Reutern, sowohl rechts, als links, und hinterwärts, der nöthige Plaz gelassen werden, damit durch die allzuenge Zusammenstellung keine Unordnung entstehe. Es giebt unruhige Pferde, welche durch ihr häufiges Ausschlagen nichts als Verwirrung verursachen, und da diese Thiere von Natur langgestreckt sind, so könnte es leicht geschehen, daß sie, bei allzuschmalem Plaz, im Umwenden, nicht nur die nächsten Pferde, sondern auch die Reuter selbsten, schlagen, tretten und verwunden würden.

Diejenigen, welche die rhomboidalische oder rautenförmige Figur bei der Stellung der Reuterei aufgebracht haben, ordneten sie zum Theil, mit Rotten und Gliedern zugleich, zum Theil, mit Rotten ohne

Von der Entstehung der rautenförmigen Schlachtordn. ꝛc. 53

ne Glieder, und zum Theil, mit Gliedern ohne Rotten. Eine jede dieser Arten wurde folgendermaßen aufgestellet.

Wenn man diese Schlachtordnung mit Rotten und Gliedern zugleich haben wollte, so hat man das längste Glied, welches aber nothwendig aus einer ungleichen Anzahl Soldaten bestehen muß, zu dem Mittelpunkt zu machen, und in selbiges eilf, dreizehn oder fünfzehn Mann zu stellen, vor und hinter daßelbe werden zwei andere Glieder gestellet, wovon jedes zwei Mann weniger enthält. Wenn dahero das längste Glied fünfzehn Mann begreift, so wird ein jedes dieser beiden nur dreizehn in sich faßen, die zwei unmittelbar hierauf folgende, eilf, und so weiter, daß immer zwei weniger werden, bis nur ein einziger überbleibt. Eine solche Schwadron wird hundert und dreizehn Mann enthalten. (Tab. 1. Fig. 3.)

Die Hälfte dieser rauten- oder rhomboidalischen Figur, wird Kegel genennet, und stellet ein Dreieck vor. In der Beschreibung ersterklärter Stellungsart, ist mithin auch die Formirung des Kegels enthalten. (Tab. 1. Fig. 4.)

Es gab aber auch andere, welche den Rhombum so ordneten, daß die Reuter weder glieder noch rottenweise stunden. Sie glaubten in dieser Stellung könnten alle Wendungen und Schwenkungen leichter gemacht werden, weil der Soldat weder zur Rechten noch zur Linken noch hinterwärts die geringste Hinderniß fände. Der Jlarche wird an die Spitze gestellet, und hinter ihm stehen rechts und links ein Mann, deren zwei Pferde mit ihren Köpfen bis an die Schulter des vor ihnen stehenden Jlarchen-Pferdes reichen, wie schon oben gesagt worden ist. Der erste Theil dieser Stellung besteht aus einer ungleichen Anzahl Reuter, nemlich aus eilf. Der Jlarch stehet vorne an, in der Mitte, auf beiden Seiten sind hinter ihm fünf Mann, jedoch so gestellet, daß diese zwei Glieder die zwei Seiten der rautenförmigen Figur vorstellen. Hinter dem

Aelian. H Jlar-

Neunzehntes Kapitel.

Jlarchen stehet der Zygarche, hinter welchem ebenfalls auf beiden Seiten andere folgen. Dieser zweite Stellungstheil enthält zwei Mann weniger als der erste, so daß auf beiden Seiten des Zygarchen vier Mann stehen, und beide zusammen, ihn selbst dazu gerechnet, neun Mann ausmachen. Diese zweite Abtheilung lauft mit den erstern zwei Seiten der Raute parallel. Die dritte Abtheilung besteht aus sieben Mann, und so fort bis auf einen. Diese Schwadron enthält sechs und dreißig Mann. Polybius führt diese Stellung der Reuterei ebenfals an, nur mit dem Unterschied, daß er ihr vier und sechszig Mann zutheilt, und dieser Stellung die Figur des griechischen Buchstaben Λ gibt. (Tab. 1. Fig. 6.)

Die übrigen rhomboidalischen Stellungen, welche Rotten und keine Glieder haben, werden folgendermaßen geordnet. Man stellet eine Rotte auf, so hoch als man will. Ihr Anführer ist der Jlarche selbsten, und der lezte der Rottenschließer oder der Uragus. Auf beiden Seiten dieser Rotte, sowohl rechts als links, werden zwei andere gezogen, welche um einen Mann geringer sind. In diesen beiden Rotten stehet immer ein Mann zwischen zwei andern der ersten Rotte, und zwar so weit von ihnen ab, als jene von einander entfernet sind. Wenn nun in der ersten Rotte zehn Reuter stehen, so müssen in den zwei nebenseitigen neune zu stehen kommen. Die hierauf folgende Rotten beider Seiten müssen achte enthalten, und so muß es immer abnehmen, bis auf einen einzigen Mann. So werden sie zwar rottenweise hintereinander, aber nicht gliederweise nebeneinander stehen, wodurch es ihnen ungemein erleichtert wird, wenn sie sich rechts oder links umwenden sollen. Sich rechts umwenden, heißt die Wendung auf die Lanzenseite, links um aber, die Wendung auf die Seite der Zügel. (Tab. 1. Fig. 7.)

Wenn

Von der Entstehung der rautenförmigen Schlachtordn. ꝛc.

Wenn man die rautenförmige Schlachtordnung, nicht rottenweise, sondern durch Glieder gestellt wissen will, so muß man das längste und mittelste Glied der ganzen Schwadron aus einer ungleichen Zahl aufrichten. Die übrigen Glieder müssen so geordnet werden, daß allezeit ein Mann, vor zwei andere in ihre Mitte gestellet wird, wie erst bei derjenigen Ordnung, welche zwar Rotten aber keine Glieder hat, angegeben worden ist. Auf diese Art wird eine Schwadron, Glieder, aber keine Rotten haben. (Tab. 1. Fig. 8.)

Anmerkungen zum achtzehnten und neunzehnten Kapitel.

Man hat dem Aelian Schuld gegeben, und dies hat insonderheit Folard gethan, er habe von dem Kriegshandwerke sehr wenig verstanden, weil er die rhomboidalische oder kegelförmige Schlachtordnungen zu empfehlen suchen. Ja dieser berühmte Schriftsteller gieng so weit, daß er den Kegel oder ἴμβολος der Alten gänzlich läugnete, und an dessen Stelle die Colonne substituirte. Er gab vor, die Griechen hätten sich jederzeit dieses Ausdrucks bedienet, wenn die Lateiner cohors darunter verstanden hätten. Der Kegel seye also nichts anders gewesen, als eine Verdoppelung oder Vervielfältigung ihrer Rotte, das ist eine Stellung verschiedener Rotten hinter einander, bei einer sehr schmalen Front, wodurch natürlicher Weise, eine lange Colonne entstehen muste. So soll seiner Meinung nach Epaminondas seine Leute in dem mantineischen Treffen geordnet haben, mithin Aelian um so mehr den Tadel aller Kunstverständigen verdienen, weil er in dem 47ten Kapitel behauptet, dieser Feldherr habe einen Theil seines Heers in einen vollkommenen Kegel gestellet.

So schwer sich begreifen läßt, warum die Alten einer Colonne, welche nicht die geringste Aehnlichkeit mit einem Dreieck, Schifschnabel oder Kegel hatte, einen so unnatürlichen, und der Figur so wenig angemessenen, ja vielmehr derselben widersprechenden Namen, sollte beigeleget haben, eben so unbegreiflich ist es, wenn wir voraussetzen, daß ἴμβολος eine Colonne gewesen sey, warum die griechischen Schriftsteller nicht diesen Kunstausdruck

Neunzehntes Kapitel.

gebrauchten, wenn würklich von einer Colonne die Rede ist, sondern sich lieber weitläuftiger Umschreibungen bedienten, um sich deutlich zu machen.

Man bringe mir ein einziges Beispiel aus der ganzen alten Taktik vor, wodurch man darthun kann, daß zuweilen Gegenstände mit solchen Namen belegt worden sind, welche ganz andere Charaktere anzeigten oder vermuthen ließen, als die Sachen würklich hatten. Man kann vielmehr diesen Satz umwenden, und darthun, daß alle alttaktische Benennungen eine aus der Natur des Worts selbst, und dessen Ableitung entstehende Definition der Sache enthielten. Die Worte στίχος, ζυγὸς, συλλοχισμὸς, στόμα, ὀμφαλὸς und alle andere beweisen die Wahrheit dieses Grundsatzes. Und ἔμβολος sollte ein anderes Schicksal gehabt haben? Warum bediente sich denn Polybius, welcher doch sehr kunstmäßig schrieb, nicht dieses Worts, bei der Beschreibung der selassischen und cynoscephalischen Treffen, in welchem würklich durch die Verdoppelung der Rotten, das ist, durch die eigentliche Colonne, der Sieg erfochten wurde? Wäre dies die Bedeutung des Worts gewesen, so würde er es ganz gewis gebraucht haben.

Wir wollen aber auch dem Ansehen unseres Schriftstellers nichts vergeben. Er hat sich bei der Verfertigung seines Werks der damals noch vorhandenen Schriften der ältesten Taktiker bedienet, und würde also mit diesem Worte den Begriff des zugespitzten Kegels nicht verbunden haben, wenn er ihn nicht auch bei jenen angetroffen hätte. Das nemliche gilt von dem Vegetius, welcher als der Epitomator des Cato, Celsus und vieler anderer anzusehen ist. Beide haben ihre Schriften großen Kaisern zugeeignet, und sich zur Absicht gemacht, das Kriegswesen so abzubilden, wie sie es in den Werken ihrer Vorfahren fanden. Der erste hat seine Quellen angezeigt. Er war überdies ein Freund Frontins, welcher ihm ganz gewis seine Unrichtigkeiten verwiesen und verbessert haben würde. Hätte er geirrt, so würde sich doch wenigstens einer, unter den nach ihm gekommenen Taktikern gefunden haben, welcher seine Fehler angezeigt hätte. Julius Afrikanus rettet vielmehr seine Ehre, wenn er ebenfalls versichert, daß sich, die scythische Reuterei der rhomboidalischen Schlachtordnung hauptsächlich bedienet hät-

Von der Entstehung der rautenförmigen Schlachtordn. ꝛc.

hätte, und in selbiger zum Scheine gewichen, plötzlich aber stille gestanden wäre, um sich in drei Dreiecke oder welches einerlei ist, Kegel, zu zertheilen, und an drei verschiedenen Orten in die Feinde einzubrechen. Da die Scythen mehr Bogenschützen zu Pferde hatten, als die Griechen, so war dieser Nation diese Schlachtordnungsart um so vortheilhafter, weil die beiden Seiten des Kegels oder des Rhombus die feindliche Front mit dem Bogen= und Wurffspieß=Geschoß bestreichen konnten, und dies mag sie auch vorzüglich empfohlen haben.

Folard nimmt es dem Aelian insonderheit übel, daß er in dem schon angeführten 47 Kapitel behauptet, Epaminondas habe bei Mantinea einen Theil seines Fußvolks und seiner Reuterei, kegelförmig gestellt, da dies doch Xenophon, einer der vornehmsten Geschichtschreiber und Taktiker, welcher selbst kommandirte, mit klaren Worten sagt, und eine solche Beschreibung von diesem Treffen macht, woraus man deutlich wahrnimmt, es könne unter dem Wort ἔμβολος nichts anders als ein Kegel, verstanden werden. Wie oft spricht nicht Arrian in seiner Geschichte Alexanders, von dreieckigten Schwadronen? Und wie häufig kommt bei den lateinischen Schriftstellern der cuneus vor? Wird wohl jemand glauben, daß dieses Wort mit cohors, einerlei bezeichnet habe? und doch soll letzteres unter ἔμβολος verstanden werden.

Wenn Folard den Aelian einer Unrichtigkeit aus diesem Grunde beschuldiget hätte, weil er dem Epaminondas die Anwendung dieser Schlachtordnung bei dem leuktrischen Treffen zueignet, da er es vielmehr von dem Mantincischen hätte behaupten sollen, so würde man ihm dies weniger verübeln können, obgleich dieser Irthum aus einem blosen Schreibfehler hergekommen seyn mag. Allein diesen Fehler scheint er nicht bemerkt zu haben.

Zwanzigstes Kapitel.
Von dem eigenen Stellungsplatze der Schwadronen, ihren Namen und Stärke.

Die Reuterei wird so wie die Leichtbewafneten, bald vor den Phalanx, bald auf den rechten, bald auf den linken Flügel gestellet, zuweilen aber auch hinter die Leichtbewafneten. Die erste Schwadron wird vier und sechszig Mann enthalten, so wie die erste Reihe fünfzehn, die zweite dreizehn, und die dritte eilf Mann in sich fassen muß. Alle nachfolgende Reihen müssen immer um zwei Mann kürzer werden, bis endlich nur einer überbleibt. Der Fähndrich muß dem Zygarchen in der zweiten Reihe zur linken Hand stehen. Der Schwadronen müssen vier und sechszig seyn, das ganze Corps Reuter aber muß vier tausend und sechs und neunzig Mann enthalten.

Zwei Schwadronen werden eine Epilarchie genennet, welche hundert und acht und zwanzig Mann stark ist.

Zwei Epilarchien machen eine Tarantinarchie von zweihundert sechs und fünfzig Reutern aus.

Zwei Tarantinarchien sind eine Hipparchie, welche aus fünfhundert und zwölf Mann besteht.

Zwei Hipparchien, heissen Ephipparchie. Dies ist schon ein Corps von tausend und vier und zwanzig Mann.

Zwei Ephipparchien werden Telos genennet, wozu zwei tausend acht und vierzig Mann gehören.

Zwei dergleichen machen endlich ein Epitagma aus, welches aus vier tausend und sechs und neunzig Mann bestehen muß.

Ein und zwanzigstes Kapitel.
Daß zur Anordnung einer Schlachtordnung, und ihrer Umänderung in eine andere, sehr viel Ueberlegung und Erfahrung erfordert werde.

Bisher haben wir alle und jede Anordnungen der Alten, in Stellung ihrer Reuterei beigebracht, die verschiedenen Schlachtordnungsarten einzelner Völker erkläret, und die Ursachen angegeben, warum andere abwichen, und sich eigner Erfindungen bedieneten. Die Abhandlung dieser Bemerkungen ist keineswegs überflüßig, sondern betrift einen Gegenstand der öfters in dem Schicksale der Staaten entscheiden wird. Sobald man sich in diesen Stellungsarten einzeln durch tägliche Proben geübt, nnd die leichteste und vortheilhafteste entdeckt hat, so wird man auch den wahren Nutzen hievon bemerken. Nichts ist lächerlicher, als wenn sich die Menschen nichtswürdiger und geringfügiger Dinge wegen, so sehr in Athem setzen und auf der andern Seite verabsäumen, das was sie zur Hauptsache machen sollten, gehörig zu untersuchen, ehe sie sich noch dem ohngefähren Kriegsglücke blos stellen. Uebrigens aber hängt es von der Willkühr eines jedweden ab, die Schwadronen groß oder klein zu machen.

Zwei und zwanzigstes Kapitel.
Von den Kriegswägen und Elephanten.

So selten man noch heut zu Tage Kriegs- oder Streitwägen und Elephanten sieht, so nothwendig ist es demohnerachtet, diesem Werke, damit ihm nichts mangele, die hiebei vorkommenden Benennungen einzuverleiben.

Die

Zwei und zwanzigstes Kapitel.

Die Vereinbarung zweier Streitwägen wurde eine Zygarchie genennet; zwei Zygarchien, eine Syzygie, zwei Syzygien, eine Episyzygie, zwei Episyzygien, eine Harmatarchie, zwei Harmatarchien, ein Flügel, und zwei Flügel, Phalanx.

Es kommt auf einen jeden an, ob er sich nicht mehrerer Phalanxen von Streitwägen bedienen, und bei einem jeden derselben diese Benennungen beibehalten will. Einige dieser Streitwägen wurden leichte genennet, andere waren mit Sicheln versehen.

Bei den Elephanten=Ordnungen, wird derjenige, welcher einen Elephanten zu kommandiren hat, Zoarche genennet. Ein Therarche hat deren zwei unter sich, und diese Vereinigung zweier solcher bewafneter Thiere, heißt Therarchie.

Der Befehlshaber von vier Elephanten, ist der Epitherarche, sie selbst aber machen eine Epitherarchie aus.

Ein Ilarche kommandirt achte, und so viel zusammen genommen werden eine Ilarchie genennet.

Sechszehn heißen eine Elephantarchie, und ihr Befehlshaber ist der Elephantarche.

Der Ceratarche hat zwei und dreißig unter sich, und diese machen die Ceratarchie aus.

Und eine Verbindung von vier und sechszig Elephanten, wird Elephanten=Phalanx genennet, welche unter dem Phalanxarchen stehet.

Anmerkungen zum zwei und zwanzigsten Kapitel.

Unter den griechischen Völkerschaften, haben nur die Macedonier Streitwägen und Elephanten gehalten. Leztere führte erst Alexander ein, nachdem er deren sehr viele dem Porus abnahm. Man kann es, für eine durch die Geschichte erwiesene Wahrheit annehmen, daß sowohl die Streitwägen als auch die Elephanten sehr vieles, wo nicht das meiste zu den Niederlagen der

asias

asiatischen Völker beigetragen haben. Nur bei denjenigen konnte sie einen Eindruck machen, welche dergleichen zum erstenmale sahen. Dies bewog auch die Römer, sich derselben sehr sparsam zu bedienen. In dem macedonischen Kriege gegen Philippum hatten sie, dem Zeugniße des Livius zu Folge, zum erstenmale Elephanten, mehr aber nicht, als sie in dem punischen Kriege gefangen hatten.

Der Streitwägen gab es verschiedene Gattungen. Bei dem Onosander ist von einem eine Abbildung mitgetheilt worden, welcher seinen eigenen Führer hat, und einen, zuweilen auch mehrere Soldaten, die mit Pfeilen und Wurfspießgeschoß versehen waren, gegen die Feinde anführte, andere hatten nur 2 Räder ohne Wagen, auf jedem Pferde aber saß ein mit einer Lanze versehener, zuweilen auch bepanzerter Mann. Diese lezteren wurden die leichten genennet, wie Aelian selbst bemerket; an beiden Gattungen aber waren die Räder mit Sicheln versehen. Zu Arrians Zeiten, welcher ebenfalls unter dem Hadrian lebte, sind sie schon abgeschaft, und die Elephanten nur noch bei den Indianern und Aethiopern üblich gewesen.

Drei und zwanzigstes Kapitel.
Von gewissen, dem Commando bei den Evolutionen, eigenen Benennungen.

Wir hätten also bisher die Aussenseite der verschiedenen Soldatenordnungen, und die Benennungen welche ihnen gegeben werden, kenntbar gemacht. Nun wird es nöthig seyn, einiger Namen zu gedenken, an welche der Soldat durch die Leibesübungen gewöhnt und übrigens hinlänglich belehret seyn muß, was für Schwenkungen darunter verstanden werden, wenn er seinem Feldherrn Folge leisten soll.

Hieher gehören folgende: die Klisis oder die Richtung gegen die Lanze und gegen den Schild, die Metabole, die Epistrophe, Anastrophe und Perispasmus; ferner den Ausdruck, Glieder machen, Rotten ziehen, sich wieder stellen, sich schwenken, sich verdoppeln, imgleichen die Benennungen, Epagoge und Paragoge, überzwercher, rechter und obliquer Phalanx, die Entaxis, Hypotaxis, Epitaxis und Prostaxis. Alle diese Namen sollen gegenwärtig erkläret werden, ob ich zwar wohl weiß, daß in Ansehung derselben nicht alle Taktiker einerlei Sprache führen.

Vier und zwanzigstes Kapitel.
Von der Schwenkung zur Rechten und zur Linken, imgleichen von verschiedenen Arten der Schwenkungen.

Die Klisis oder Schwenkung ist diejenige Bewegung eines jeden Soldaten ins besondere, wenn er sich entweder auf die Seite der Lanze, das ist, rechts, oder auf die Seite des Schildes, nemlich links, wendet. Dies kann sehr leicht und mit großem Nutzen geschehen, wenn die Feinde eine von beiden Seiten zu überflügeln suchen. Denn durch diese Schwenkung wird der eine Flügel verlängert, wodurch man einem solchen Unfall begegnen kann; man bedient sich aber auch derselben in andern Gelegenheiten, welche in der Folge einzeln erklärt werden sollen.

Werden nun zwei solche erst beschriebene Schwenkungen hintereinander gemacht, so wird dadurch der Soldat, in eine seiner ersten Stellung gänzlich widersprechende Positur versetzet, in dem er alsdann dahin Front machet, wohin vorhin sein Rücken gekehret war. Dies heißt eine Metabole, oder Umkehrung, und geschiehet entweder gegen die Seite der Lanze oder des Schildes, rechts oder links.

Von der Schwenkung zur Rechten u. zur Linken, ꝛc.

Stellung des Soldaten vor der Schwenkung:

Erste Schwenkung gegen den Schild

Zweite Schwenkung gegen den Schild; dies wird Umkehrung genennet.

Erste Schwenkung gegen die Lanze

Zweite Schwenkung gegen die Lanze, oder gänzliche Umkehrung.

Diese Umkehrung ist nichts anders, als eine Schwenkung auf einen gegenseitigen Sehpunkt, welche jedweder Soldat einzeln zu machen hat. Was nun die Umkehrung bei einzelnen Soldaten ist, wird, wenn es das ganze Corps angehet, Perispasmus genennet. Es giebt aber zweierlei Arten von Umkehrungen, entweder von dem Feind, oder gegen den Feind. Sie ist daher eine Versetzung des Sehpunkts, auf die, der ersten Stellung entgegen gesetzte Seite. Wenn man von den Feinden zurück will, so wird diese Umkehrung, durch eine zweimalige Schwenkung gegen die Lanze, bewerkstelliget, so wie man dies zweimal gegen den Schild vorzunehmen hat, wenn man auf die Feinde los will.

Umkehrung gegen den Feind, durch zweimalige Schwenkung gegen den Schild.

Umkehrung von dem Feind zurück, durch eine doppelte Schwenkung gegen die Lanze.

Vier und zwanzigstes Kapitel.

Die Epistrophe oder Umwendung ist diejenige Bewegung, mittelst welcher der ganze Haufe in geschlossenen Rotten und Gliedern umwendet, weil sie des engen Schlusses wegen, Mann für Mann, weder die Schwenkung noch die Umkehrung bewerkstelligen können. Er drehet sich also, Mann an Mann geschlossen, wie ein Schif auf dem Wasser, oder wie sonst ein dichter Körper um, welcher demohnerachtet in seiner Ordnung und Fügung bleibet. Wenn nun diese Umwendung von der rechten Seite her geschiehet, so muß der Lochagus, als welcher gegen die rechte Hand zuletzt stehet, unbeweglich wie die Angel in der Thür bleiben, um welchen sich, gleich wie jene, der ganze Haufe herumwendet. Auf ähnliche Art geschiehet es von der linken Seite her. Es ist aber erforderlich, daß sich der ganze Haufe mit geschlossenen Gliedern, so daß ein Soldat an dem andern in seiner Ordnung bleibet, wie der Körper eines einzigen Mannes, entweder rechts oder links um den Lochagum als um sein Centrum, herumdrehe, und muß daher der letztere zwar auf seinem ersten Platz bleiben, nunmehr aber seinen Sehpunkt auf die rechte Seite erhalten. (Tab. 2. Fig. 1.)

Die Anastrophe führet die Soldaten auf den nemlichen Standort zurück, worauf sie schon geschlossen gestanden sind, ehe noch diese Umwendung vorgenommen wurde.

Der Perispasmus oder die Drehung, ist eine verdoppelte Umwendung eines ganzen Haufens, wodurch dessen Rücken dahin gewendet wird, wohin er anfangs Front machte. (Tab. 2. Fig. 2.)

Der Ekperispasmus oder die dreifache Drehung, bestehet aus drei zusammen hangenden Umwendungen des ganzen Bataillons, so daß es, wenn die Wendungen gegen die Lanze, oder rechts um geschehen, endlich auf die linke Seite Front macht, und so im Gegentheil, auf die rechte, wenn die dreimalige Wendung gegen den Schild, oder links vorgenommen wird. (Tab. 2. Fig. 3.)

Von der Schwenkung zur Rechten u. zur Linken, ꝛc.

Anmerkungen zum vier und zwanzigsten Kapitel.

Die meisten dieser Schwenkungen und Stellungen wurden bei den Uebungen der Soldaten vorgenommen, um sie zu allen Vorfällen behend und aufmerksam zu machen. Dergleichen Wendungen hatten auch ihren grossen Nutzen.

Schon oft hat die Erfahrung gelehrt, daß es Fälle giebt, in welchen man große Vortheile über seinen Feind erhalten kann, wenn man dem Corps plötzlich mehr Tiefe oder Höhe zu geben weiß, und dafür an der Länge der Front abbricht. Die alte Geschichte wenigstens zeigt uns genug solche Fälle. Dies nennten die Alten περικλασις. Um diese zu bewerkstelligen war es schon genug wenn die in diesem Kapitel beschriebene Schwenkung welche Epistrophe genennt wird, vorgenommen wurde. Hiedurch ist die eine Flanke zur Front, und hingegen die Front zur Flanke gemacht worden. War nun die alte Front länger als das Corps hoch war, so muste es nach geschehener Schwenkung nothwendig höher stehen als vorher, hingegen eine desto kürzere Front haben, sobald man das Corps eine halbe Wendung von der Rechten zur Linken machen lies. Das war der Alten ihre Colonne, und nicht der Kegel. Sie konnte aber noch auf andere Art bewerkstelligt werden. Epagoge war die eigentliche Benennung eines colonnenmäßig aufmarschirenden Corps. Also hatten die Alten würklich ein Wort zur Colonne. Ein neuer Beweis, daß εμβολος was anderes bedeute, und daß der sonst berühmte Folard in diesem Stück unrecht habe.

Fünf und zwanzigstes Kapitel.
Was es heiße, hoch stehen, Front machen und sich stellen.

Hoch stehen, heißt nichts anders, als wenn die unter einer Rotte sich befindende Soldaten, von dem Rottenführer oder Lochagus, bis zu dem Rottenschließer oder Uragus, in einer geraden Linie und in gleicher Entfernung hinter einander stehen.

Front machen heißt, wenn die Soldaten der Rotte in gerader Linie, nach der Länge hin, neben einander stehen. Alle Rottenführer machen mit einander ein Glied aus, mithin Front, und so auch die in der zweiten Reihe der Rotte stehende, u. s. w.

Sich wieder stellen, heißt den nemlichen Stand und Sehpunkt wieder annehmen, welchen man anfangs hatte. Wenn daher, der dem Feind entgegen gestellte Krieger befehligt wird, sich rechts zu schwenken, und dann, sich wieder zu stellen, so will man dadurch nichts anders sagen, als er soll sich wieder gegen den Feind kehren.

Sechs und zwanzigstes Kapitel.

Von den Evolutionen und derselben zweierlei Gattungen; imgleichen von der Macedonischen, Laconischen und Choräischen.

Es giebt zweierlei Gattungen von Evolutionen; denn sie werden rotten- und gliederweise bewerkstelliget. Jeder dieser beiden Gattungen sind wieder drei Arten untergeordnet, nemlich die Macedonische, die Laconische und die Choräische, welche leztere auch sonst noch die Persische genennet wird.

Die macedonische Evolution verrückt den Stand und Sehpunkt des Phalanx gänzlich, so daß er nicht nur weiter vorrückt, sondern auch wenn dieses geschehen ist, auf die entgegengesetzte Seite zu, Front machet.

Durch die Lacedämonische rückt der Phalanx zurück, wendet aber seine Front ebenfalls auf die Seite, welche er vorhin im Rükken hatte.

Die

Sechs und zwanzigstes Kapitel

Die persische oder cretische oder auch chorâische Evolution, lässet zwar den Phalanx in seinem ersten Standort; alle und jede Soldaten aber müssen ihn einzeln verwechseln. Der Rottenführer begiebt sich an die Stelle des Rottenschließers, und dieser an den Platz des erstern, und die ganze Bewegung schließet damit, daß sich der Phalanx wendet und nun dahin seinen Sehpunkt richtet, wohin er anfangs seinen Rücken gekehret hatte.

Will man die Evolutionen gliederweise vornehmen lassen, so muß man an das Centrum des Phalanx Flügel ansetzen, oder die nächst an dem Centro stehende Glieder, zu Flügeln machen, und dadurch entweder den Mittelpunkt, oder die rechte durch die linke, oder auch die linke durch die rechte Seite verstärken. Sollten aber die Feinde allzunahe stehen, und hätte man Bedenken, dergleichen Evolutionen und Umänderungen in großen Haufen vorzunehmen, so kann man dies eben sowohl in kleineren bewerkstelligen.

Sieben und zwanzigstes Kapitel.
Von der Art und Weise, Evolutionen zu machen.

Diese Evolutionen geschehen auf folgende Art. In der Macedonischen wendet sich der Rottenführer links und verläßt seinen Platz; alle Soldaten seiner Rotte thun ein gleiches und gehen nebst dem Rottenschließer an seiner linken Seite bei ihm vorbei, um sich in der alten Ordnung hinter ihn zu stellen. Bis aber der Rottenschließer an seinen Platz kommt, rücken sie auf den Platz wieder vor, welchen der Phalanx vorhin hatte, daher es aussieht, als wenn er vor den hinter ihn herkommenden Feinden, die Flucht hätte ergreifen wollen. Diese macedonische

Evolution kann aber auch, auf erst beschriebene Art gegen die rechte Seite zu gemacht werden, mithin müssen sich alle Soldaten rechts wenden.

In der Lacedämonischen verläßt der Rottenschließer seinen Standort, und alle übrige Soldaten folgen ihm nebst dem Rottenführer, um sich in ihrer Ordnung vor ihn hinzustellen, und zwar an dem nemlichen Ort, welchen der Phalanx vorher im Rücken hatte. Durch diese Bewegung macht man dem Feind scheinbar, als wenn man ihn verfolgen wollte. Diese lacedämonische Schwenkung wird aber auch noch auf andere Art vorgenommen, wenn sich nemlich der Rottenführer rechts schwenket, und mit der ganzen ihm nachfolgenden Rotte einen andern Standpunkt einnimmt. Zuweilen macht der Rottenschließer den Anfang, wendet sich, und tritt auf der rechten Seite vor alle vor. Sein Vormann folgt ihm nach, gehet bei ihm auf der nemlichen Seite vorbei, und stellet sich wieder vor ihn. Dies thun alle und jede, bis endlich der Rottenführer wieder an die Spitze kommt.

Die choräische Evolution wird alsdann bewerkstelliget, wenn sich der Rottenführer rechts wendet, und vor seiner ihm auf dem Fuße nachfolgenden Rotte her, seinen bisherigen Standpunkt mit demjenigen, welchen der Rottenschließer inne hatte, vertauschet, jenen aber diesem überläßt. Diese Evolutionen werden rottenweise vorgenommen. Auf ähnliche Art geht es zu, wenn dies gliederweise geschehen soll, oder wenn man gar ganze Haufen in Bewegung setzen, und den Gliedern unter sich selbst einen veränderten Standpunkt anweisen, und einen oder den andern dieser Divisionen, in die Stelle des rechten oder linken Flügels einrücken lassen wollte.

Acht und zwanzigstes Kapitel.
Von Verdoppelungen, entweder nach Gliedern oder nach Rotten, durch die Anzahl der Soldaten, oder durch ihren Standort.

Es giebt zweierlei Gattungen von Verdoppelung; denn dies geschieht entweder nach Gliedern oder nach Rotten, und in beiden Fällen, entweder durch die Anzahl oder durch den Ort selbst. Wenn man zu tausend und vier und zwanzig Mann welche in einer Reihe stehen, noch so viel hinzu thut, mithin das erste Glied zweitausend und acht und vierzig Mann stark machen will, so lässet man die in dem zweiten Glied stehende Leute in den, zwischen den Soldaten befindlichen leeren Raum einrücken; dies thut man alsdann wenn man die Leute in geschlossener Ordnung haben will. Sobald die erste Stellungsart wieder hergestellet werden soll, so darf man nur die eingetrettenen wieder in ihren ersten Platz zurücktretten lassen. Allein diese Art von Verdoppelungen wird nicht von allen Taktikern gebilliget, insonderheit wenn die Feinde in der Nähe sind. Sie wollen vielmehr man solle zu beiden Seiten Leichtbewafnete und Reuter ansetzen, lieber die Front verlängern, und dadurch die Verdoppelung bewerkstelligen und scheinbar machen, ohne den Phalanx selbst zu verdoppeln.

Nur alsdann wird die Länge des Phalanx, in Ansehung des Raumes und seines Standortes verdoppelt, wenn man entweder den Feind überflügeln will, oder zu befürchten hat, überflügelt zu werden.

Die Verdoppelung der Höhe oder der Rotten geschiehet folgendermaßen. Die zweite Rotte wird der ersten untergestoßen, so daß der Rottenanführer derselben hinter den Rottenführer der ersten zu stehen komme, und daß mithin aus dem zweiten Soldaten der zweiten Rotte, der vierte der ersten werde, imgleichen aus dem dritten von jener der

Aelian.   K   sechs-

Acht und zwanzigstes Kapitel.

sechste von letzterer, bis endlich die ganze zweite Rotte der ersten einverleibt ist. Auf gleiche Art verfährt man mit der vierten, welche der dritten untergeordnet wird, wie denn alle ihrer Zahl nach gleiche, den ungleichen eingekörpert werden.

Diese nemliche Verdoppelung kann auch noch dadurch erreicht werden, wenn man diese nemliche Rotten durch Schwenkungen eine hinter die andere anschliessen läßet, so daß der Rottenführer der zweiten hinter den Rottenschließer der ersten zu stehen kommt.

Soll aber die Anzahl der Soldaten jeder Rotte so bleiben wie sie war, so muß die Hälfte derselben austretten, und sich in gleicher Entfernung von einander, hinten anschließen. Sobald man alles und jedes in seinem ersten Zustand gesetzt sehen will, so müssen diejenigen welche sich angeschlossen haben, wieder in ihren ersten Standort abgerufen werden.

Anmerkungen zum acht und zwanzigsten Kapitel.

Philopömen, welcher sich durch das, von ihm bei Mantinea gelieferte Treffen, eben so berühmt machte, als Epaminondas in eben dieser Gegend, wuste seine Front auf eine trefliche Art zu verlängern. Machanidas hatte damals den Vortheil, die leichte Reuterei des erstern zum weichen zu bringen, und begieng den wichtigen Fehler sie mit der seinigen, in eigener Person bis nach Mantinea, eine Meile weit von dem Schlachtfelde zu verfolgen. Philopömen war nunmehr daran gelegen, denjenigen Platz, welchen seine entflohenen Leute inne gehabt hatten wieder zu besetzen, um dadurch dem Machanidas nicht nur die Rückkehr abzuschneiden, sondern auch, durch Verlängerung seiner Front, die Feindliche überflügeln zu können. Er ließ also die Sektionen seiner ersten Linie sich links schwenken, und schnell von ihrer Flanke aufmarschiren, mithin das von beiderseitiger Reuterei verlassene Terrain beziehen, seine zweite Linie aber an die Stelle der ersten vorrücken, womit er nicht nur eher, als mit jeder anderen Verdoppelung fertig war, sondern

dern auch die Front so verlängerte, daß er die Feinde überflügeln, und sich in ihren Rücken werfen konnte. Hiedurch wurde der schon schwankend gewesene Sieg vollkommen erfochten; und der von der Verfolgung der leichten Reuterei zurückkommende unvorsichtige Machanidas getödtet.

Neun und zwanzigstes Kapitel.
Von der oblongen, hohen, und obliquen Schlachterdnung.

Ein oblonger oder überzwerch gestellter Phalanx ist derjenige, welcher länger als breit ist; aber recht oder hoch heißt er, wenn er breiter oder höher, als lang ist, wohin derjenige gehört, welcher Flügel hat. Er hat also diese Namen von seiner Figur, denn man nennt alles oblong oder länglicht was schmäler ist, als lang, und alles recht, dessen Höhe die Länge übertrift.

Oblique oder schräg wird er nur alsdann genennet, wenn der eine seiner Flügel näher an den Feind steht, als der andere, also auch nur mit dem einen das Gefechte unternimmt, den andern aber in einer gewissen Entfernung zur Hülfeleistung zurückhält, um den Ausgang zu erwarten.

Dreißigstes Kapitel.
Von der Einschaltung, Vorsetzung, Nachsetzung, Zusetzung, Einrückung und Anschließung.

Die Parembole oder Einschaltung wird dadurch bewerkstelliget, wenn man in den leeren Raum der erstern Glieder, Soldaten aus den letztern einschaltet, so daß sie mit den bereits vorhandenen eine gerade Linie ausmachen.

Dreißigstes Kapitel.

Die Protaxis oder Vorsetzung bestehet darinnen, wenn die Leichtbewafnete vor den Phalanx gestellet werden, wie denn auch aus gleichem Grunde der Rottenführer Protostata oder Vorsteher genennt wird, weil er vorne dran steht.

Die Epitaxis ist das Gegentheil und kann die Nachsetzung genennet werden; denn Epistata ist derjenige welcher hinten steht.

Die Prostaxis oder Zusetzung ist nichts anders, als wenn die beiden Flügel des Phalanx oder wenigstens einer derselben, durch einige Mannschaft noch unterstützt wird, welche mit ihm selbst einerlei Front macht. Diese Schlachtordnung wird durchgängig so benennet.

Die Entaxis oder Einrückung hat ihren Namen von der Einrückung der Leichtbewafneten, in den Phalanx erhalten, allwo sie Mann für Mann zwischen die Schwerbewafnete in ihre Glieder gestellet werden.

Durch die Hypotaxis oder Anschließung werden die Leichtbewafnete hinter die Flügel des Phalanx angeschlossen, so daß die Schlachtordnung dadurch gekrümt oder monbförmig wird.

Anmerkungen zum dreißigsten Kapitel.

Zu den in vorliegendem Kapitel beigebrachten Kunst-Ausdrücken, gehöret auch noch die Παρεντάξις. Diese ist mit der ἐντάξις einerlei, und unterscheidet sich, wie Suidas sagt, blos dadurch von der Παρεμβολη daß letztere eine Einschaltung gleichartiger Truppen in andere Glieder von der nemlichen Gattung ist, i. E. leichtbewafneter zu leichtbewafneten, und schwerbewafneter zu schwerbewafneten. Παρεμβολὴ μέν ἐστιν, ἡ τῶν ὁμοίων παρένθεσις. Παρένταξις δὲ, ἡ τῶν ἀνομοίων, ὅιον ὁπλιτῶν πρὸς ψιλούς, ἢ ψιλῶν προς ὁπλίτας. Durch die Parentaxis aber wird zwischen schwerbewafneten Soldaten, leichtes Fußvolk gestellet, und so umgekehrt. Auf dergleichen Benennungen muß man sehr aufmerksam seyn. Verschiedene Gelehrte haben auch die Πρόταξις und Πρόσταξις für gleichbedeutende Worte gehalten. Es ist aber ein großer Unterschied

Ein und dreißigstes Kapitel.

schied zwischen beiden. Suidas beschreibet diese letztere wie unser Autor: dieser aber sagt, von der Protaxis, ausdrücklich, daß sie darinnen bestehe, wenn leichtes Fußvolk vor das schwere hingestellet wird.

Auffer diesen Kunstworten findet man auch noch in einigen Takticern den Ausdruck προσύνταξις, welcher ebenfalls eine mit der Entaxi und Parentaxi gleichvielbedeutende Benennung ist. Der Autor der alten Kriegsworte sage es wenigstens: προσύνταξις δ΄, ὅτι οἱ ἐμπλικόμενοι τῇ φάλαγγι παράλληλα τάττονται; λέγεται δὲ παρίταξις τοῦτο.

Ein und dreißigstes Kapitel.
Wie sich ein Corps rechts oder links umdrehen und schwenken soll.

Nichts ist gegenwärtig nothwendiger als deutlich zu machen, wie man ganze Haufen wenden, und hierauf wieder in ihre vorige Ordnung bringen soll. Will man sie nun z. E. in den Wendungen zur rechten üben, so muß vor allen kommandirt werden, daß die rechter Hand sich befindende Rotte stille stehen bleibe, sodann, daß alle übrige Soldaten, sich rechts schwenken, und rechter Hand vortretten, und hierauf sich stellen. Wenn dies geschehen, so müssen die hintern Glieder einige Schritte anmarschiren, sich an die ersten anschließen, und rechts umwenden.

Sollte nun das Corps wieder auf seinen ersten Standort zurückzuführen seyn, so bestehet das Kommando darinnen, daß die Soldaten einzeln, eine halbe linke Wendung machen, nemlich, just das Gegentheil von dem ersten. Alsdann erst, wird der ganze Haufe mit einem male gewendet, das heißt, so wie er sich mit geschlossenen Gliedern auf die rechte Seite zu, schwenkte, eben so muß er dahin wieder versetzt werden, woraus die Wendung kam. Die Rottenführer müssen nun stille stehen bleiben, die übrigen aber rottenweise vormarschiren, und sich wenden, damit er wieder auf die nemliche Seite zu, wie vorher, Front mache. Alle zur rechten Hand stehende Rotten einer jeden Division müssen nun stille stehen bleiben, weil sie sich schon in ihrer erforderlichen Stellung befinden, die andern aber haben sich links zu wenden, vorzurücken und stehen zu bleiben, und auf diese Art, werden sie die alte Stellung wieder erhalten haben.

Soll die Wendung links geschehen, so wird kommandirt daß die zur linken Hand befindliche Decurie oder Rotte einer jeden Division stille stehen bleibe, die übrigen aber müssen sich einzeln links wenden, und links vorrücken, sich wieder gerade stellen, die hintern Glieder an die ersten anschließen, und sich links schwenken, und so ist das verlangte geschehen. Sollten sie sich nun wieder auf ihren ersten Standort zurück begeben, so müssen sie das nemliche thun, was sie vormals bei der Schwenkung gegen die rechte Hand, thaten. Denn nun müssen die Soldaten einzeln eine halbe Wendung zur rechten machen, der ganze Haufe muß zurückkehren; die Rottenführer müssen stehen bleiben, sich hierauf umwenden, und die andern rottenweise vorrücken. Die zur linken Hand befindliche Rotte aber, welche schon einzeln in ihre vorige Standordnung wieder versetzt ist; bleibt stille stehen, die übrigen machen eine halbe Wendung zur rechten, rücken vor, und nehmen ihre erste Stellung wieder ein.

Will man aber die Soldaten gegen die rechte Hand umdrehen lassen, so muß jeder Haufe zwei rechte Wendungen machen. Dies wird verursachen, daß die Rottenführer nunmehr dahin Front machen, wohin sie vorher den Rücken gekehret haben. Sollen die Leute ihren ersten Sehpunkt wieder erhalten, so kommandirt eine rechte Umdrehung, das heißt, lasset sie auf die nemliche Seite zweimal wenden, so werden sie wieder den nemlichen Sehpunkt erhalten, den sie vor

der

Von der Schwenkung eines Corps.

der Umbrehung hatten. Nun müssen die Rottenführer stille stehen bleiben, die übrigen machen eine halbe Wendung, rücken rottenweise zurück, und wenden sich wieder; die rechte Rotte einer jeden Division bleibt stille stehen, weil sie sich schon auf ihrem ersten Standort wieder befindet, die übrigen machen links um, rücken vor, nehmen in der gehörigen Entfernung ihre Plätze ein, stellen sich wieder, und so werden sämtliche Divisionen ihre alte Stellung wieder haben.

Soll diese Umdrehung gegen die linke Hand vorgenommen werden, so muß man von allem das Gegentheil thun. Anstatt der zwei rechten Wendungen, muß man zwei linke machen, hierauf eine doppelte Umdrehung vornehmen, und damit sie den nemlichen Sehpunkt wieder erhalten, muß man nach dem schon bekannten Kommando verfahren.

Das was man Ecperispasmus oder dreifache Umdrehung nennet, bestehet darinnen, daß man das Corps dreimal immer vorwärts, entweder rechts oder links wende. Durch den Perispasmum oder durch die Drehung, wird dem Soldaten eine andere Front gegeben, welche dahin gehet, wohin vorher dessen Rücken gekehret war. Der gegen die Rechte vorgenommene Ecperispasmus aber, wendet ihre Front von vorne hinterwärts, und zwar auf die linke Seite, hingegen auf die rechte, wenn er von der linken Hand her, bewerkstelliget wird.

Zwei und dreißigstes Kapitel.
Wie sich ein Phalanx auf dem rechten oder linken Flügel, auch im Centro schließen und wieder aus einander tretten soll.

Wenn man auf dem rechten Flügel den Phalanx in geschlossener Ordnung haben will, so wird kommandirt, die erste Rotte dieser Seite solle ruhig bleiben, die übrigen aber sich rechts halten, gegen sie vorrücken, und sich wieder gerade stellen. Imgleichen, daß die hintern Glieder näher an das erstere vorrücken, und sich schließen. Will man den Phalanx wieder in seiner ersten Stellung haben, so muß er beordert werden, daß das erste Glied stehen bleibe, daß die übrigen rechts um machen, und in die Linie der hinter ihnen stehenden Glieder einrücken, daß sie sich hierauf wieder wenden, daß die letzte Rotte des rechten Flügels stille stehen bleibe, weil sie sich schon in ihrer gehörigen Stellung befindet, daß die übrigen sich links zu schwenken haben, vormarschiren, und sich wieder in den gewöhnlichen Entfernungen aus einander vorwärts stellen. Soll nun der Phalanx auf dem linken Flügel geschlossen werden, so hat man von allen und jeden das Gegentheil zu kommandiren, und will man das Centrum in geschlossener Ordnung haben, so kommandire man, daß die rechte Diphalangie sich links schwenke, die linke aber rechts, beiden aber, daß sie gegen das Centrum des Phalanx geschlossen anmarschiren, sich wieder stellen, und auf die erstern Glieder vorrücken.

Wenn der Phalanx aus dieser geschlossenen Ordnung wieder in seine vorige Stellung versetzt werden soll, so muß man die Soldaten eine ganze Wendung machen, und sodann gliederweise vorwärts marschiren lassen, nur das erste Glied ausgenommen, als welches keines von beiden zu thun hat. Wenn dies geschehen ist, so müssen sie die zweite ganze

Wendung machen, die rechte Diphalangie muß sich sodann rechts schwenken, und die linke links, zu beiden Seiten aber aus dem Mittelpunkt wegmarschiren, bis sie ihre erste Stellung in der gehörigen Entfernung von einander, wieder erhalten haben. Nun müssen sie sich ordentlich stellen. Hiebei ist zu merken, daß die Soldaten bei allen Schwenkungen und Wendungen, sonderlich in geschlossenen Gliedern, die Lanzen in die Höhe halten müssen, damit sie nicht hinderlich werden, und die Leichtbewafnete sind in diesen Evolutionen ebenfalls zu unterrichten.

Drei und dreißigstes Kapitel.
Von dem Nutzen und der Verschiedenheit aller dieser Wendungen, Schwenkungen und Evolutionen.

Alle diese Vorschriften zu den verschiedenen bisher abgehandelten Wendungen, Schwenkungen und Drehungen, sind bei den unvermutheten Ueberfällen der Feinde sehr nützlich, sie mögen nun von der rechten oder von der linken Seite, oder von vornen herkommen. Eben so groß ist aber der Nutzen der Evolutionen. Nun haben die Macedanier die macedonische, und die Lacedämonier die lacedämonische Evolution erfunden, daher sie auch mit ihren beiderseitigen Namen belegt worden sind, die Geschichte aber gedenket, daß sowohl Philippus, der doch das macedonische Reich sehr erweitert, die Griechen bei Chäronea besiegt, und die griechische Monarchie gestiftet hat, als auch Alexander sein Sohn, diese sogenannte macedonische Evolution verworfen haben, da sich letzterer demohnerachtet in kurzer Zeit ganz Asien unterwürfig machte. Beide haben sich ihrer nicht eher bedient, bis sie durch die Umstände dazu genöthigt worden sind; und beide haben die laconische häufig gebraucht,

Aelian. L und

und sehr oft dadurch die Feinde überwunden. Die macedonische kann sehr nachtheilig werden, und viele Unordnungen verursachen, weil man die Feinde in den Rücken bekommt. Denn da die Soldaten bis auf den Rottenschließer, ihre Plätze verlassen, und sich hinter die Rottenführer stellen, hiedurch aber scheinen lassen, als wenn sie sämmtlich flüchtig werden wollten, so werden die Feinde muthiger und beherzter, diejenigen aber, welche diese Evolution vornehmen, machet nothwendigerweise das Nacheilen der Feinde bestürzt. Die lacedämonische würket just das Gegentheil; hier geht man den Feinden entgegen, greifet sie an, und jaget ihnen keinen geringen Schrecken ein.

Anmerkungen zum 31ten, 32ten und 33ten Kapitel.

Aelian handelt in diesen drei Kapiteln, mit allzugroßer Weitläuftigkeit ab, auf welche Art der Phalanx seine Wendungen machte. Der Inhalt derselben ist mit wenig Worten dieser: wenn kommandirt wurde, rechts um schwenkt euch, so mußten dies alle Rotten thun, und sich sodann gegen den rechten Flügel zu, an einander schließen, nur die erste ausgenommen. Diese blieb auf ihrem Platz unbeweglich, und ein Glied mußte auf das andere geschlossen stehen. Die viertels Schwenkungen, wurden also mit geschlossenen Rotten und Gliedern bewerkstelliget. Sollte die alte Stelle wieder eingenommen werden, so wurde eine halbe Wendung, und alsdann erst eine viertels Schwenkung gemacht. Sobald man auf dem bestimmten Standpunkt war, so machte man wieder eine halbe Wendung, und öfnete sodann Rotten und Glieder. Dies ist der ganze Inhalt dieser Kapitel. Bei diesen Schwenkungen mußten freilich die Phalangiten ihre Lanze in die Höhe halten, oder wohl gar, wie wir bei dem Xenophon finden, auf der rechten Schulter führen, sonst würde ihnen jede Bewegung beschwerlich geworden seyn. Das ἄνω τὸ δόρυ, die Lanze in die Höhe, wurde daher zu einem besondern Kommando-Ruf gemacht, und bei dem Angriff befehligte man die Lanzenführer: κάλνη τὸ δόρυ, ihre Lanzen sinken zu lassen, oder flach zu halten. Καταβαλών τὰς σαρίσσας, hat die nemliche Bedeutung.

Vier

Vier und dreißigstes Kapitel.
Von Signalen, sowohl bei dem Fußvolk, als auch bei der Reuterei.

Damit nun alles dies pünktlich und ordentlich geschehen möge, so muß sowohl Fußvolk als Reuterei, an gewisse sichtbare Zeichen, und an die Stimme der Befehlshaber gewöhnet werden. Auch den Ruf der Trompete müssen sie verstehen lernen. Durch diese Mittel können die Befehle der Obern auf das schleunigste befolgt werden.

Das durch die Stimme gegebene Kommando, ist freilich das verständlichste, wenn es durch nichts unterbrochen wird; stiller und ruhiger aber ist das Kommando durch Zeichen, wenn diesen nichts im Wege steht. Nicht immer kann das erstere vollkommen gehöret werden; der Klang der Waffen, das Tummeln und Wiehern der Pferde, der Lermen der Bagage, und das Geschrei der Soldaten verhindert dies. Es giebt aber auch Fälle, in welchen die stummen Zeichen, durch die dicke Luft, oder Nebel, durch Staub, Wasser, Schnee, und durch die entgegen scheinende Sonnenstrahlen, ungewiß werden. Unebene und mit vielen Bäumen bewachsene Gegenden, und felsigte Wege gehören auch hieher. Indessen ist es doch nicht möglich Signale zu erfinden, welche unter allen Umständen brauchbar sind, da sehr oft unerwartete Fälle zutreffen. Es geschiehet aber sehr selten, daß alle ersterwehnte Unbequemlichkeiten sich zusammen gesellen, und daß man sich nicht sollte durch die Stimme, oder durch stumme Zeichen verständlich machen können.

Anmerkungen zum vier und dreißigsten Kapitel.

Da die Alten und insonderheit die Griechen sehr hoch stunden, und größtentheils eine schmale Front hatten, so konnte ein Feldherr sehr gut in seinem

Vier und dreißigstes Kapitel.

Kommando gehöret und verstanden werden. Ausserdem hatten die Griechen sowohl als die Römer, von welchen leztere schon bei Gelegenheit einer Stelle des Onosanders gehandelt worden ist, noch verschiedene Gattungen von Zeichen, welche sie überhaupt in σύμβολα und σημεῖα eintheilten. Sie führten verschiedene blasende Instrumente, welche weit gehört werden konnten, und woburch entweder der Angriff, oder der Zurückmarsch oder auch noch andere Bewegungen angedeutet wurden. Hievon sind nun σάλπιγξ, κόχλος, σύριγξ und ἀυλός bekannt, welche zwei lezteren von einigen griechischen Völkerschaften zu Anstimmung des Schlachtgethöns gebraucht wurden. Zuweilen bediente man sich auch des Feuers, und brennender Fackeln, um dadurch dem Heere einen verständlichen Wink zu geben, wozu besondere Leute angestellet waren, welche man πυρσόροι nennte. War auch der Lermen und das Geschrei der Soldaten im Treffen, welches die Griechen ἀλαλαγμός hießen, noch so stark, so konnte man sie noch durch Zeichen, welche mit den Fahnen gegeben wurden, kommandiren, deren Senkung einen Befehl zum Ablassen vom Gefechte, bedeutete, und deren Erhebung hingegen den Angriff ankündigte. In Ansehung der römischen Kriegsverfassung handelt Vegetius weitläuftig hievon.

Fünf und dreißigstes Kapitel.
Von Marschordnungen und von der Epagoge und Paragoge.

Wir kommen nunmehr auf die Marschordnungen, und müssen hievon sogleich gedenken, daß sie hauptsächlich zweierlei sind. Die eine nennt man Epagoge, die andere Paragoge. Die leztere ist entweder rechts oder links, und jede von diesen beiden ist wieder einseitig, zwei, drei und vierseitig. Sie ist einseitig, oder hat nur eine Front, wenn man den Feind nur von einer Seite her, vermuthet; zweiseitig, oder von

Fünf und dreißigstes Kapitel.

von einer doppelten Front, wenn man einen doppelten Angriff befürchtet, drei und vierseitig aber, wenn man von drei, oder wohl gar von allen Orten her, den Feind im Anmarsche sieht. Dies ist zugleich die Ursache, warum man öfters auf dem Marsch das Kriegsheer in einen, zwei, drei und vier Phalanxe abtheilt.

Eine gerade Epagoge ist also nichts anders, als diejenige Marschordnung, in welcher ein Bataillon und eine Division nach der andern marschiret, daß also eine Xenagie, oder Tetrarchie nach der andern anziehet. Man belegt sie aber auch mit diesem Namen, wenn die Flügel im Marsch den Anfang machen, und zwar so, daß die Soldaten weit höher, als breit stehen. In dieser Ordnung enthält ein Tagma zwei Rotten, deren eine jede zehn Mann stark ist. (Tab. 2. Fig. 4.)

Dieser Schlachtordnung werden die sogenannten Scheeren entgegen gesetzt, welche aus einer antistomischen Diphalangie entstehen. Hier marschiren die beiden Flügel zugleich voraus, entfernen sich im Anfange, und vereinigen sich in der Figur des Buchstaben V, am Ende wieder. Die hieher gehörende Abbildung macht die Sache deutlicher, in welcher der Vortrupp in zwei Flügeln entfernt von einander steht, der Nachtrupp aber vereinigt ist. (Tab. 2. Fig. 5.)

Da die gerade Epagoge oder Colonne auf das feindliche Centrum losbringet, so darf sich dies nur in gröster Geschwindigkeit in der Mitte öfnen, und dagegen die Nebenlinien der Epagoge angreifen, wodurch der Angriff derselben unwirksam gemacht wird. Diesen Scheeren, muß alsdann die Triphalangie entgegen gestellet werden, in welcher jedwedem Flügel derselben ein Phalanx die Spitze bietet, der mittlere aber selbst den Angriff erwartet. (Tab. 2. Fig. 6.)

Sechs und dreißigstes Kapitel.
Von der rechten und linken Paragoge.

Wenn in dem Phalanx die Rottenführer rechter oder linker Hand auf den Flanken stehen, so wird dies die rechte oder linke Paragoge genennet. Die Rotten stehen alsdann nicht mehr in der Höhe des Phalanx, sondern in Gliedern auf beiden Flügeln, und machen auf zwei, drei oder vier Seiten Front, mit einem Wort, aller Orten, wo man glaubt, daß der Feind angreiffen werde. Da also jedwede Paragoge, wahrscheinlicherweise den Angriff auf der Seite oder den Nebenlinien auszuhalten hat, so muß ihre maskirte Länge dreimal stärker, als die Höhe seyn, das heißt, die Front zehn Mann, die Höhe hingegen nur drei Mann enthalten. Die Figur dieser Schlachtordnung ist so beschaffen, daß der Soldat in selbiger auch denjenigen Anfällen, welche auf ihn von der Seite her geschehen, eben sowohl zu begegnen wissen muß, als denjenigen, welche ihm gerade zu entgegen kommen. Dies muß ihm die Uebung lehren. (Tab. 2. Fig. 7.)

Sieben und dreißigstes Kapitel.
Von dem antistomischen Phalanx.

Der antistomische oder zweifrontige Phalanx, hat seinen Namen daher, weil er eine doppelte Front, oder einen doppelten Mund hat. Denn die, welche zuförderst gegen den Feind stehen, werden der Mund genennet. Da sich nun die Soldaten im Centro, einander den Rücken zukehren, hingegen die, in der äussersten Linie sich befindende, den Angriff thun, und mit einander die Rotten ausmachen,

Sieben und dreißigstes Kapitel.

so hat hievon diese Schlacht und Volksordnung den Namen erhalten. Am nützlichsten wird sie dem Fußvolk, wenn es mit Feinden zu thun hat, welche an Reuterei überlegen sind, noch vortheilhafter aber ist sie, gegen die, an den Ufern der Donau wohnende Barbaren, welche daher Amphippier genennt werden, weil sie gewohnt sind, in dem Gefechte von einem Pferd auf das andere zu springen. Will man sich nun gegen diesen antistomischen Phalanx, der Reuterei bedienen, so muß sie, wenn es die Noth erfordert, in zwei länglichte Ordnungen getheilet werden, das heißt in solche, deren Front zweimal soviel Soldaten enthält, als die Höhe, und welche gegen die zweifrontige Schlachtordnung des Fußvolks angeführt wird. (Tab. 2. Fig. 8.)

Anmerkungen zum sieben und dreißigsten Kapitel.

Ἀμφιπποι und ἄμιπποι sind zweierlei Gattungen von Reutern, welche von verschiedenen Schriftstellern selbst unter den allen, irrigerweise für gleich bedeutende Worte gehalten worden sind. Die Bulgaren und Munibier, imgleichen auch die Cretenser und Tarentiner hatten die Gewohnheit, einen Theil ihrer Reuterei mit zwei Pferden zu versehen, und dies in der Absicht, damit sie sich, wenn das eine allzusehr abgemattet oder wohl gar verunglücket wäre, des andern bedienen könnten. Dies waren dem Zeugniße des Pollux, des Livius und anderer zu Folge die ἀμφιπποι, und dienten dergleichen auch in dem Heere des Hannibals. Die ἄμιπποι aber waren Leute, welche sowohl zu Pferd als zu Fuß dieneten. Wenn die unwegsamen Gegenden das Reiten beschwerlich machten, so stiegen sie ab, und der, einem jeden solchen Krieger, begleitende ὑπηρέτης, blieb mit dem Pferd, an einem sichern Ort zurück. Curtius gedenket derselben öfters, belegt sie aber mit dem Namen Dimachae, welcher, Streiter auf eine doppelte Art, anzeiget, so wie man durch ἄμιπποι halbe Reuter, verstanden wissen wollte.

Acht

Acht und dreißigstes Kapitel.
Von dem amphistomischen Phalanx.

Der amphistomische Phalanx ist dem antistomischen nicht viel ungleich, denn er soll eben sowohl als jener, den Anfällen der Reuterei Widerstand leisten. Alles was wir nun bereits von dem leztern gesagt haben, passet auch auf diesen. Der ganze Unterschied bestehet darinnen, daß in dem antistomischen Phalanx der Angriff, die erste und lezte Linie gilt, in dem amphistomischen aber die beiden Seiten oder Flanken. Beide Schlachtordnungen müssen aber mit sehr langen Lanzen versehen seyn, wie die Alanen und Sauromaten. Jede derselben hat die eine Hälfte der Rotten vorwärts, die andere Hälfte aber rückwärts gekehret, so daß sie sich beiderseits den Rücken zukehren. Sie hat zwei Fronten, auf der einen Seite stehen die Rottenführer zuerst, auf der andern die Rottenschließer. Besteht nun die Schlachtordnung aus einer Diphalangie, so wird aus dem einen Phalanx die disseitige Front, aus dem andern aber, die jenseitige gemacht. (Tab. 2. Fig. 9.)

Neun und dreißigstes Kapitel.
Von dem antistomischen doppelten Phalanx.

Der antistomische doppelte Phalanx, hat seine Rottenführer nicht auf der Aussenseite, sondern auf der innern, und stehen einander gegen über. Die Rottenschließer aber stehen aussen, zum Theil auf der rechten und zum Theil auf der linken Paragoge. Diese Schlachtordnungs-Art ist sehr nützlich, wenn die Reuterei in einem Kegel

den

Neun und dreißigstes Kapitel.

den Angriff thut. Denn da derselbe zugespitzt ist, und seine Anführer auf den Seiten hat, welche nichts anders im Sinne haben, als die Front des Fußvolks über den Haufen zu werfen, so müssen diejenigen, welche es kommandiren, sehr vorsichtig verfahren, damit der Kegel entweder gar nicht durchdringen könne, oder ohne Nachtheil durchmarschire. Denn wenn man sich dieser Stellung bedient, so hat man keine andere Absicht dabei, als über das Centrum des Fußvolks Meister zu werden, und dadurch die ganze Schlachtordnung in Unordnung zu bringen. Sobald die kommandirenden Officiers des Fußvolks gewahr werden, wo der Kegel eindringen will, so müssen sie sich zu beiden Seiten trennen, und wie Mauern stehen, sich auch gegen die Mitte zu schwenken, dadurch ihre Front verändern, und ihn durchziehen lassen. Philippus von Macedonien hat diese Schlachtordnung, welche von jeher Kegel genennet worden ist, erfunden, und den Kern seiner Leute in die Spitze gestellet, damit durch sie die weniger Zuverläßigen gleichsam eingeschlossen würden. Es verhält sich hiemit, wie mit einer Lanze oder einem Degen, an derem äussersten Ende sich die Spitze befindet, welche durch ihre Schärfe auch den mittlern stumpfen Theil ihre eindringende Gewalt mittheilet, (Tab. 2. Fig. 10.)

Vierzigstes Kapitel.
Von dem doppelten Phalanx mit doppelter Front.

Der amphistomische doppelte Phalanx ist derjenige, dessen zwei Phalange oder Divisionen, nach Art der Paragoge flügelweise geordnet sind, so daß sie beiderseits schräg aufmarschiren. Der rechte Flügel hat die Rottenführer, der linke aber die Rottenschließer auf der innern Seite. Diese Schlachtordnungs-Art zeiget aber sogleich an, was man in

Vierzigstes Kapitel.

Schilde führt. Denn wenn ein feindliches in einem Viereck gestelltes Corps im Anzug begriffen ist, und sich plötzlich in zwei schräg gestellte Flügel theilet, so ist augenscheinlich, daß es das gegenseitige Quadrat zu umringen sucht. Hat man nun dies zu vermuthen, so muß sich letzteres in zwei bewegliche Phalangen verwandeln, wovon der eine dem linken, der andere dem rechten feindlichen Flügel die Spitze bietet. Dies nennte man auch die peristomische Schlachtordnung, weil sie dem Feind auf beiden Seiten die Front zeigte. (Tab. 2. Fig. 11.)

Ein und vierzigstes Kapitel.
Von der homöostomischen Phalanx-Art, und ihrem Gegensatz.

Derjenige Phalanx wird der homöostomische genennet, welcher auf eine ganze sechszehn Mann starke Rotte, sogleich eine andere eben so starke, und gleichfalls nicht hinter einander, sondern neben einander gestellte, folgen lässet, und wird daher diese Schlachtordnungs-Art aus der Ursache die homöostomische genennet, weil alle auf einander folgende Glieder, einander in aller Betrachtung gleich sind. Sie wird derjenigen welche Plinthium heißt, entgegen gesetzet. Diese ist sowohl in Ansehung der Figur, als auch der Anzahl der Soldaten gleichseitig, denn sie hat aller Orten gleiche Zwischenräume, und enthält eben soviel Mann in der Frönt, als in der Höhe. In dieser Figur werden auf allen vier Seiten nichts als Schwerbewafnete gestellet, und nimmt man weder Bogenschützen, noch Schleuderer dazu. Sie besteht übrigens aus zwei Dimörien, das heißt, aus zwei halben Rotten, aus einer in die Länge, und aus einer in die Höhe. Da nun eine Rotte
sechs

sechzehn Mann enthält, so hat eine Dimörie deren achte. (Tab. 3. Fig. 1.)

Wenn zwei Phalangen neben einander aufmarschiren, und ihre Rottenführer entweder auf der rechten oder linken Flanke haben, so machen sie mit einander eine homöostomische Diphalangie aus. (Tab. 3. Fig. 2.)

Zwei und vierzigstes Kapitel.
Von dem heterostomischen Phalanx.

Wenn ein Phalanx in einer geraden Colonne aufmarschiret, so daß die Rottenführer der ersten Division auf der rechten Flanke, und die von der zweiten auf der linken stehen, auf welche Art alle Divisionen abwechseln müssen, so wird dies ein heterostomischer Phalanx genennet. (Tab. 3. Fig. 3.)

Drei und vierzigstes Kapitel.

Von der rautenförmigen Schlachtordnung der Reuterei, Ἴλη zugenahmet und ihrem mondförmigen Gegensatz.

Jleon aus Theßalien, war der Erfinder der rautenförmigen Schlachtordnung, von dessen Namen auch das Wort ἴλη seinen Ursprung genommen hat. In dieser Stellungsart übte er seine Landsleute. Sie ist aus der Ursache sehr vortheilhaft, weil in jedem ihrer Angel ein Befehlshaber stehet, einer an der Spitze, einer am Schluße, und zwei auf den zwei Seiten oder Flanken. Wenn es zum Treffen kommt, so wird dieser Schlachtordnung, der halbe Mond entgegen gestellt,

dessen

Drei und vierzigstes Kapitel

dessen Flügel voraus marschiren. Hierinnen stehen die Rottenführer; in der Mitte hingegen ist er leer oder hohl, und hat dies die Absicht, die feindliche Reuterei zu umringen, welche nach Art der Tarentiner sich der Pfeile und Wurfspieße zu bedienen hat, um diesen Zirkel von sich abzutreiben. Tarent ist eine Stadt in Sicilien, welche Soldaten hatte, die Acrobolisten genennet wurden, weil sie von den Pferden herab, kleine Wurfspieße abwarfen, und es alsdann erst zum Handgemenge kommen ließen. (Tab. 3. Fig. 4.)

Anmerkungen zum 41ten 42ten und 43ten Kapitel.

Was Aelian hier Plinthium nennet, das hat Xenophon, wie uns Arrian berichtet, πλαισιον ἰσοπλευρον zubenamet, das heißt ein gleichseitiges Plästum. Diese letzte Schlachtordnungs-Art überhaupt, wird in dem 48ten Kapitel beschrieben. Es giebt Schriftsteller, welche Plinthium und Pläsium mit einander vermengen, und beides für einerlei halten. Letzteres hat eine oblange und mehr ovale als eckigte Figur, ersteres aber eine gleichseitige viereckigte. Jenes ist inwendig leer, dieses aber ganz mit Mannschaft angefüllt. Unterscheidungszeichen genug. Timotheus bediente sich dieser Ordnung, als er die Reuterei der Olynthier von sich abzuhalten suchte. Polyän sagt uns, er habe sein Heer ως ἑτερομηκες πλινθιον gestellet. Man besehe dessen Timotheus im 3 Buch K. 7. Dies heißt ein Quadrat, welches auf der einen Seite größer ist, als auf der andern, oder ein Oblongum. Nach dieser Beschreibung nähert es sich noch mehr der Figur des Pläsium. Man kann überhaupt die Bemerkung machen, daß die Griechen sehr gerne ihre Soldaten in Quadrate stelleten. Sie konnten es auch ungehindert thun, weil die Anzahl ihrer Leute in allen Volksordnungen, vom Phalanx bis zur Rotte, in Vierecke theilbar, mithin immerzu gleich war.

Von der mondförmigen Schlachtordnung, welche der rautenförmigen entgegen gestellet wird, hat schon Onosander in seinem 21 Kapitel weitläuftig gehandelt. Dieser Schriftsteller nennet sie wie Aelian μηνοειδες, Polybius aber giebt ihr den Namen κυρτωσις. Man bediente sich dieser Figur im Alter-
thu-

thume sehr oft. Ihr Gegensatz, nemlich die von dem Ileon erfundene Ordnung, welche daher λx. genennet wurde, muß doch nicht ganz rautenförmig gewesen seyn. Denn von der leztern gedenket Aelian in seinem 18 Kapitel, daß sie Jason erfunden habe. Diese aber, von welcher gegenwärtig die Rede ist, hat den Ileon zum Erfinder. Aelian unterscheidet sie also selbsten, und scheinet aus dem ihr entgegen geordneten halben Zirkel zu erhellen, daß sie mehr oval als rhomboidalisch gewesen sey.

Vier und vierzigstes Kapitel.
Von der oblongen Ordnung der Reuter, und von ihrem Gegensatz, dem gedehnten Phalanx zu Fuß.

Eine länglichte Schlachtordnung ist diejenige, welche noch zweimal so hoch als lang stehet. Sie kann, wenn sie nothwendig wird, in verschiedenen Fällen nützlich seyn. Es wird durch sie, nicht nur der Feind betrogen, und scheinbar gemacht, als wenn sie eine gar geringe Mannschaft enthielte, und nicht breiter gestellt werden könnte, sondern es kann auch durch diese geschlossene Stellung, und durch das ganze Gewicht ihrer Masse, das feindliche Corps leichter getrennet, sie selbst aber mit geringer Mühe durch die engsten Gegenden geführet werden.

Dieser Stellung wird eine Fußvolksordnung, welche Plagia genennt wird, entgegen gestellet. Diese wird sehr lang ausgedehnet, und zwar aus der Ursache, damit die Höhe, wenn die Reuterei durchdringen sollte, desto geringer seyn, mithin der feindliche Anfall nicht den ganzen Haufen, sondern nur einige Glieder treffen möge. Dies ist der einzige Beweggrund dieser Anordnung, (Tab. 3. Fig. 5.)

Fünf und vierzigstes Kapitel.

Von einer andern rautenförmigen Schlachtordnung der Reuterei, welche wohl in Rotten, aber nicht in Gliedern stehet, und von ihrem, in einem halben Mond mit vorwärts gekehrten Flügeln gestellten Gegensatz zu Fuß.

Es giebt noch eine andere rautenförmige Stellung, welche hinlänglich beschrieben ist, wenn man sagt, sie stehe wohl in Rotten, aber nicht in Gliedern. Es ist schon oben von dem Nutzen dieser Schlachtordnung gesprochen, und überdies noch angeführt worden, daß sie Zleon aus Theßalien erfunden, nach ihm aber Jason, der Medea Gemahl, noch mehr verfeinert habe. Allerdings ist sie vortheilhaft, da sie auf allen vier Ecken, von ihren vornehmsten Befehlshabern wohl verwahrt ist. Sie bestehet aus Bogenschützen zu Pferd, wie man bei den Armeniern und Parthern fand. Ihr wird ein Treffen zu Fuß entgegen gestellet, welches das vorwärts gebogene genennet wird, weil es einige Aehnlichkeit mit einem Bogen hat. Man will dadurch die Bogenschützen hintergehen, und sie entweder fest halten, wenn sie auf das Centrum einbrechen, und sich demselben schon allzusehr genähert haben, oder sie durch die beiden Flügel abtreiben, und in Unordnung bringen. Da die besten Leute in den ersten Gliedern des Centri stehen, so kann man gar leicht den Angriff der Reuterei zu nichte, und unkräftig machen. (Tab. 3. Fig. 6.)

Sechs und vierzigstes Kapitel.
Von dem mit zwei rückwärts gekehrten Seitenflügeln versehenen Phalanx, und seinem, in einem halben Zirkel, geordneten Gegensatz.

Derjenige Phalanx, welcher zwei rückwärts gekehrte Seitenflügel hat, ist ebenfalls so wie der vorhergehende zum Betrug erdacht worden. Denn er zeiget ein nur sehr schwaches Centrum, und zwei dem Anscheine nach sehr unbedeutende Flügel, welche aber durch die hintere Rotten dreimal stärker werden, als sie zu seyn scheinen. Sind nun die Vordertheile der beiden Flügel zu Aushaltung der Gegenwehre hinlänglich, so ist es desto besser; wo nicht, so können sie durch die von beiden Seiten sich vorwärts schwenkende, sogleich verstärkt werden.

Die diesem Treffen entgegen gesetzte Schlachtordnung wird Κυρτη, das heißt gekrümmt, genennet, und dies wegen der Rundung ihrer Ordnung. Auch diese will durch ihre Krümmung geringer scheinen, als sie wirklich ist. Denn alle zirkelförmige Körper kommen uns kleiner vor, sobald sie aber ausgedehnt werden, so sind sie zweimal so groß. Dies kann man nur an runden Säulen sehen. Man mag sie betrachten wo man will, so siehet man nur die eine Hälfte davon, die andere Hälfte bleibt verborgen. Dies ist die schönste unter allen Schlachtordnungen, weil sie so betrüglich klein aussieht, und man darf sicher rechnen, daß immer zweimal so viel als man sehen kann, im Gefechte sind. (Tab. 3. Fig. 7.)

Sieben und vierzigstes Kapitel.
Von der oblongen Ordnung zu Pferd, und von dem Kegel zu Fuß.

Diese Schlachtordnung ist der Figur, nicht aber der Anzahl nach, ein Quadrat; denn bei Vierecken ist nie eine gewisse Zahl bestimmt. Es hänget von dem Gutachten des Feldherrn ab, ob er die Glieder zweimal so lang machen will, als die Rotten hoch sind. Die Perser, Sicilianer und die meisten Griechen, haben sich grösstentheils dieser Stellung bedient, und hielten ihre Anordnung nicht nur für sehr leicht, sondern auch für ungleich vortheilhafter, vor vielen andern. Dieser Stellung wird nun ein Phalanx entgegen gesetzet, der Embolus oder Kegel genennet wird, dessen Flanken mit Schwerbewafneten besetzt sind. Diese Figur ist von den Kegeln der Reuterei entlehnt, nur mit dem Unterschied, daß bei jenen ein Mann an der Spitze steht, da zu dieser drei erfordert werden, indem ein einziger zu Fuß nicht hinlänglich ist, den Feind mit Nachdruck anzugreiffen. So hat der Thebaner Epaminondas, in der Schlacht bei Leuktra sein Heer gegen die Lacedämonier kegelförmig gestellet, und ihre gröste Macht überwunden. Zu seiner Anordnung gehöret weiter nichts, als daß sich die zwei vorwärts gekehrten Flügeln der amphistomischen Diphalangie vereinigen, und hingegen rückwärts trennen, so daß die Figur des Buchstaben Λ dadurch vorgestellet werde. (Tab. 3. Fig. 8.)

Acht und vierzigstes Kapitel.
Vom Pläsium und von dem schlangenförmigen Phalanx.

Das sogenannte Pläsio ist weit länger als hoch. Es hat seinen Namen daher, weil auf allen Seiten Schwerbewafnete, die Pfeilschützen aber, und Schleuderer in der Mitte stehen. Dieser Schlachtord-

Acht und vierzigstes Kapitel.

ordnungs-Art wird eine andere entgegen gestellet, welche die eingebogene oder schlangenförmige genennet wird. Man hat hiebei die Absicht, durch ihre höckerigte und hin und wieder Blösen zeigende Figur, diejenigen, welche in dem Pläsio stehen zu einem Angriff auf dieselben anzulosken, damit alsdann die geschlossene Ordnung des leztern zerrüttet werde. Die Rottenführer der eingebogenen Schlachtordnung müssen aber ihren Gegentheil genau beobachten, und wenn derselbe geschlossen bleibt, müssen auch sie ihre eingebogene Front verlassen und eine geschlossene Ordnung annehmen. Sollte sich aber das Pläsium zertheilen, so sind sie ohnehin hiezu fertig, und haben nur das Gefechte anzufangen. Indessen ist es eine Haupteigenschaft des Pläsii, daß es eine doppelte Front habe, und kein Quadrat sondern länglicht sey. (Tab. 3. Fig. 9.)

Neun und vierzigstes Kapitel.
Von der Hyperphalangisis, Hyperceratis, und Leptysmus.

Die Hyperphalangis, oder die Umringung des Phalanx geschiehet alsdann, wenn wir uns mit beiden Flügeln um die Feinde herumschwenken. (Tab. 4. Fig. 1.)

Durch die Hyperceratis aber umringen wir die Feinde nur mit einem Flügel. Wer also einen Phalanx überflügelt, der wird auch seine Flügel selbst ausdehnen und damit über die Feinde hinaus reichen können. Derjenige welcher schwächer ist, kann demohnerachtet die Feinde mit einem Flügel überschlagen. (Tab. 4. Fig. 2.)

Der Leptysmus oder die Phalanx-Verlängerung wird dadurch bewerkstelliget, wenn man dessen Höhe vermindert, und wenn er sechszehn Mann hoch stund, ihn nun niedriger stellet. (Tab. 4. Fig. 3.)

Neun und vierzigstes Kapitel.

Anmerkungen zum 46ten, 48ten und 49ten Kapitel.

Diese vom Aelian mit dem Namen κύρτη belegte Schlachtordnung, ist auch unter der Benennung κείλη und ἐπικάμπιος φάλαγξ bekannt, worunter die mondförmige mit vorwärts gekehrten Spitzen, Μηνοειδὴς, mit begriffen ist, wie aus dem Suidas erhellet. Dieser Schriftsteller giebt von jeder dreierlei Gattungen an, mit gekrümmter, mit gerader, und mit eingebogener Front. Hannibal erfochte durch sie, den Sieg in dem Treffen bei Cannä; Cleans der betrog hiemit die Lycaonier, und Aratus den Agis bei Mantinea, wie Pausanias in seinem 8ten Buche erzehlet.

Hiezu konnten aber nur die geübtesten und zuverläßigsten Soldaten gebraucht werden. Durch das geringste Versehen konnte eine Lücke entstehen, welche eine allgemeine Unordnung wahrscheinlicherweise veranlassen muste. Epaminondas wuste die mondförmige Schlachtordnung der Lacedämonier in dem Leuttrischen Treffen vollkommen zu besiegen. Diodorus Siculus sagt ausdrücklich, daß dieser Feldherr seinen Phalanx viel dichter und geschlossener gestellt hatte, als die Lacedämonier ihren halben Mond; und dies verursachte auch ihre Niederlage.

Die in dem 48 Kapitel beschriebene Τάξις πεπλεγμένη, welcher das Πλαίσιον entgegen gestellet wurde, ist würklich nichts anders als eine Art des erstbeschriebenen Phalanx, ἐπικάμπιος genannt, welchen Suidas auch ἰσοπαρύρος, und ξιφοειδὴς heißet. Sie muß in der That nur sehr selten gebraucht worden seyn, denn wir finden in keiner Beschreibung irgend eines berühmten Treffens des Alterthums, daß ein Feldherr seine Leute so geordnet habe. Das Pläsium konnte noch auf andere Art bestritten werden; seine Haupteigenschaft bestund darinnen, daß es ein Oblongum; und sein Centrum leer war. Wozu also eine so erkünstelte Schlachtordnung, welche dadurch desto gefährlicher wurde.

Die Hyperphalangisis und Hypercerasis stammen ebenfalls von dem gekrümmten Phalanx ab. Die erste ist ein vollkommener halber Mond, krümmet sich also auf beiden Seiten um die Feinde herum; die letztere aber thut dies nur mit dem einen Flügel. Alle diese gekrümmten Ordnungen,
waren

waren den Lacedämoniern eigen. In allen Treffen suchten sie ihre Front auszudehnen, und dadurch die Feinde zu überflügeln. Dies war die Ursache, warum sie sich nie so hoch stelleten, als die übrigen griechischen Völkerschaften. Gemeiniglich stunden sie nur acht Mann, höchstens aber zwölf Mann hoch. Alle andere Griechen hatten wenigstens sechszehn Mann in ihren Rotten.

Fünfzigstes Kapitel.
Von fünferlei Arten, das Feldgeräthe zu führen.

Die Aufsicht auf das Feldgeräthe ist eines der nothwendigsten Stücke, und erfordert einen eigenen Befehlshaber. Dies kann nun auf fünferlei Art geführet werden. Entweder vor dem Heere voraus, oder hinter demselben, oder auf einem der beiden Flügel, oder in dessen Centro. Wenn man in Feindes Land einfällt, so wird es hinter den Phalanx gestellt; neben dem Phalanx aber, wenn man glaubt auf der entgegen gesetzten Seite angegriffen zu werden, und zwischen das Heer selbst, wenn man dasselbe in doppelter Front zu stellen, nöthig findet.

Ein und fünfzigstes Kapitel.
Vom Kommando des Feldherrn; daß es kurz und nicht zweideutig seyn dörfe.

Wir haben uns zwar vorgenommen, die meisten im Kommando üblichen Ausdrücke beizubringen, wenn wir vorher werden angemerkt haben, daß alles Kommando nicht nur sehr kurz müsse gefaßt,

faßt, sondern auch nicht der geringsten Zweideutigkeit dürfe ausgesetzt seyn. Denn da diejenigen welche kommandirt werden, schleunig gehorchen müssen, so darf man sich auch nicht zweideutig ausdrücken, damit nicht der eine Theil dies und der andere das, mithin das Gegentheil thue. Wenn man nun kommandiren wollte: schwenkt euch! so werden sich ohne allen Zweifel, einige rechts, andere links schwenken, und dadurch wird eine große Unordnung entstehen.

Schwenkt euch! ist ein Ausdruck, welcher generisch ist, und als ein Ganzes von Handlungen betrachtet werden muß, unter welches verschiedene Arten derselben gehören. Anstatt also zu sagen: schwenkt euch rechts! wird man immer besser thun, wenn man die Art dem Geschlecht vorsetzt, und kommandirt: rechts um schwenkt euch! So wird man verständlicher und alle und jede werden einerlei thun.

Eben so verhält es sich mit den Umkehrungen und Evolutionen. Denn auch das sind Geschlechtshandlungen. Wir müssen also wieder die Art dem Geschlecht vorsetzen, und sagen: rechts um kehrt euch! oder links um kehrt euch! Lacedämonisch, oder macedonisch oder chordisch schwenkt euch! Wollte man das Gegentheil thun, und rufen: schwenkt euch lacedämonisch ꝛc. so könnte vielleicht mancher Soldat das letzte Wort falsch verstehen, und Unordnungen veranlassen. Aus dieser Ursache sind alle erstbenannte Zweideutigkeiten zu vermeiden, und die Arten der Kriegsübungen jederzeit den Geschlechtsworten derselben, vorzusetzen.

Zwei und funfzigstes Kapitel.
Von der nöthigen Stille und Aufmerksamkeit der Soldaten, auf das Kommando.

Vor allen Dingen muß den Soldaten, Stillschweigen und Aufmerksamkeit auf das Kommando geboten werden. Schon Homer hat dies als eine Hauptsache auf folgende Art beschrieben: „An „der Spitze der bewafneten Krieger, giengen die Heerführer trotzig „auf den Feind los. Ein jeder von ihnen stellte, so wie es sich ge„hörte seine Befehle. Alle Soldaten folgten in tiefes Stillschweigen „versenkt, nach, und man hätte sagen sollen, dieser ganze große Heer„reszug sey des Gebrauchs der Stimme beraubt, und fürchte sich „stillschweigend vor den rauhen Verweisen des Heerführers. So „athmete der sprachlose Achiver Mord und Tod, und war bereit ei„ner dem andern in der grösten Gefahr Beistand zu leisten."

Die Unordnung der Barbaren aber verglich er mit den Vögeln; er sagt:

„So wie in den asiatischen Gefilden, an den wasserreichen Cay„sirus ganze Schaaren Gänse, Schwanen und Kraniche herumschwär„men, unter dem Schlagen der Flügel vergnügt aus der Luft her„unter fallen, und die Wiesen von ihrem Geschrei ertönen lassen; „eben so lermeten auch die Troianer in ihrem Lager, und hatten al„lerlei Sprachen und Stimmen."

Und an einem andern Ort:

„In Schlachtordnung stunden sie da, zu beiden Seiten mit ihren „Heerführern. Die Troianer mit Geschrei und Waffenklang; der Achi„ver aber athmete sprachlos Mord und Tod, und war bereit, einer dem „andern, in der grösten Gefahr, Hülfe zu leisten."

Drei und fünfzigstes Kapitel.

Vom Kommando selbsten. Schluß dieses Werks.

Dies besteht in folgenden:
   Ins Gewehr.
   Nehmet euer Gewehr.
   Die Bagage vom Phalanx weg.
   Gebt Achtung.
   Wie lautet das Feldgeschrei?
   Beantwortet dasselbe.
   Stellt euch in die gehörige Entfernung von einander.
   Die Lanze hoch.
   Stellt euch in eure Glieder.
   Stellt euch in eure Rotten.
   Habt acht auf den Rottenführer.
   Die Rottenschließer ordnen ihre Rotten.
   Bleibt auf euerem ersten Platz.
   Rechts um.
   Marsch.
   Halt.
   Gerade zu stellt euch.
   Links um.
   Marsch.
   Halt.
   Verdoppelt eure Rotten.
   Stellt euch wie vorher.
   Lacedämonisch stellt euch.
   Stellt euch wie vorher.

Drei und fünfzigstes Kapitel.

Macedonisch stellt euch.
Stellt euch wie vorher.
Chordisch stellt euch.
Stellt euch wie vorher.
Rechts um kehrt euch.
Stellt euch wie vorher.
Rechts um schwenkt euch.
Stellt euch wie vorher.

Dies o Kaiser! sind die Grundsätze der Taktik, welche ich erklären wollte. Ich wünsche nichts mehr, als daß sie denjenigen welche sie zur Wohlfart des Staates anwenden, zum Heil, den Feinden des Vaterlandes aber zum Verderben gereichen mögen.

Anmerkungen zum 51ten, 52ten und 53ten Kapitel.

Aus dem Arrian und Leo können wir noch einige Kommando-Worte, zu dem von Aelian beigebrachten hinzusetzen. Beide Schriftsteller setzen noch den ἄνω τὰ δόρατα, auch κάθες τὰ δόρατα, die Lanze niederwärts. So mußte sie der Phalangite nehmen, wenn er auf dem Marsche oder auf dem Exercierplatze ruhen durfte, oder halt machen mußte. Leo setzet aber noch hinzu?

Ὁ Ὁπλοφόρος μὴ ἀπάτω τῆς φάλαγγος.

Keiner trete aus seinem Gliedern! Auf die Beobachtung dieses Kommando-Zurufes, welcher ein militarisches Gesetz zum Grunde hatte, wurde sowohl, während, als auch außer der Schlacht gesehen. Wer aus seiner Ordnung wich, machte sich schon verdächtig, daß er entfliehen wollte, und die Lacedämonier hatten wirklich ein Gesetz, welches den, der entfloh, der größten Beschimpfung aussetzte, ja viele spartanische Mütter ermordeten mit eigener Hand ihre Söhne, weil sie flüchtig geworden waren. Ueberdies kam bey den geschlossenen und zusammen gedrängten Gliedern der Alten, sehr viel darauf an, daß keine Lücke gemacht wurde, wodurch die größte Un-

100 **Vom Kommando selbsten. Schluß dieses Werks.**

ordnung entstehen konnte. Man erinnerte daher die Leute an ihre Schuldigkeit, damit sie solche nicht aus den Augen setzen mögten.

Wenn Aelian befehlen lässet, προσεχέτω τῷ παραγγελλομένῳ, gebt Achtung, so lassen Arrian und Leo noch das Wort Σίγα, schweigt stille, voraus gehen. Ob nun gleich die Alten ihr Kommando sehr bündig, verständlich und kurz einrichteten, so ist doch nicht zu zweifeln, daß sie mehr solche Worte des Zurufes gehabt haben müssen, welche unaufgezeichnet geblieben sind. Ihre verschiedene Stellungsarten und Schlachtordnungen erforderten dies allerdings.

Ende des Aelians.

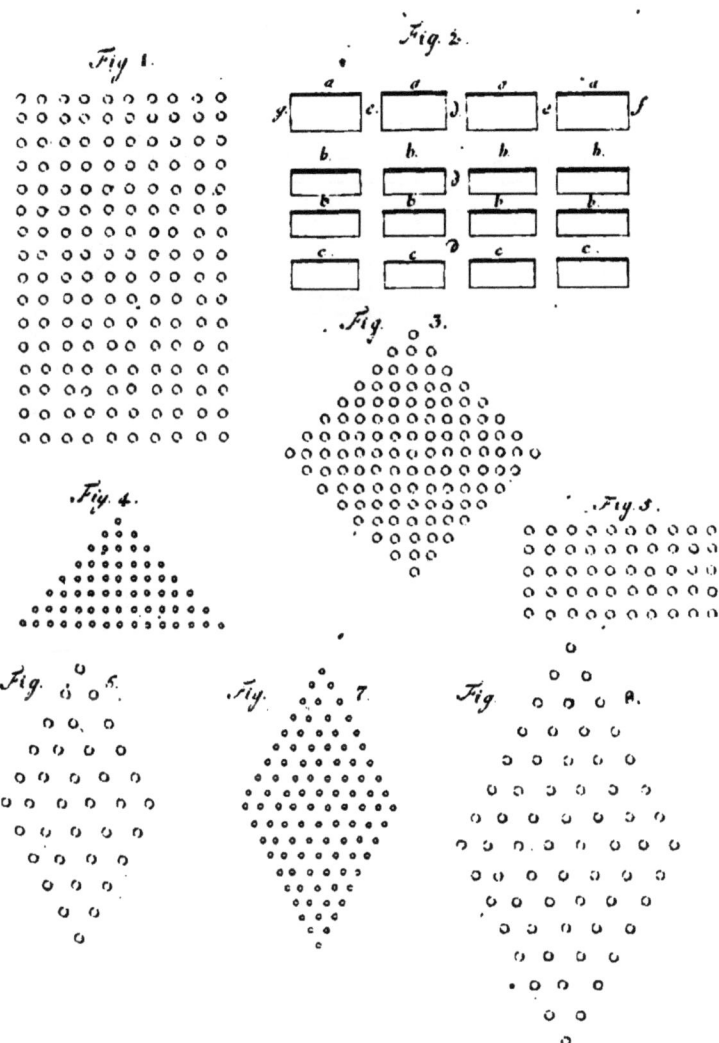

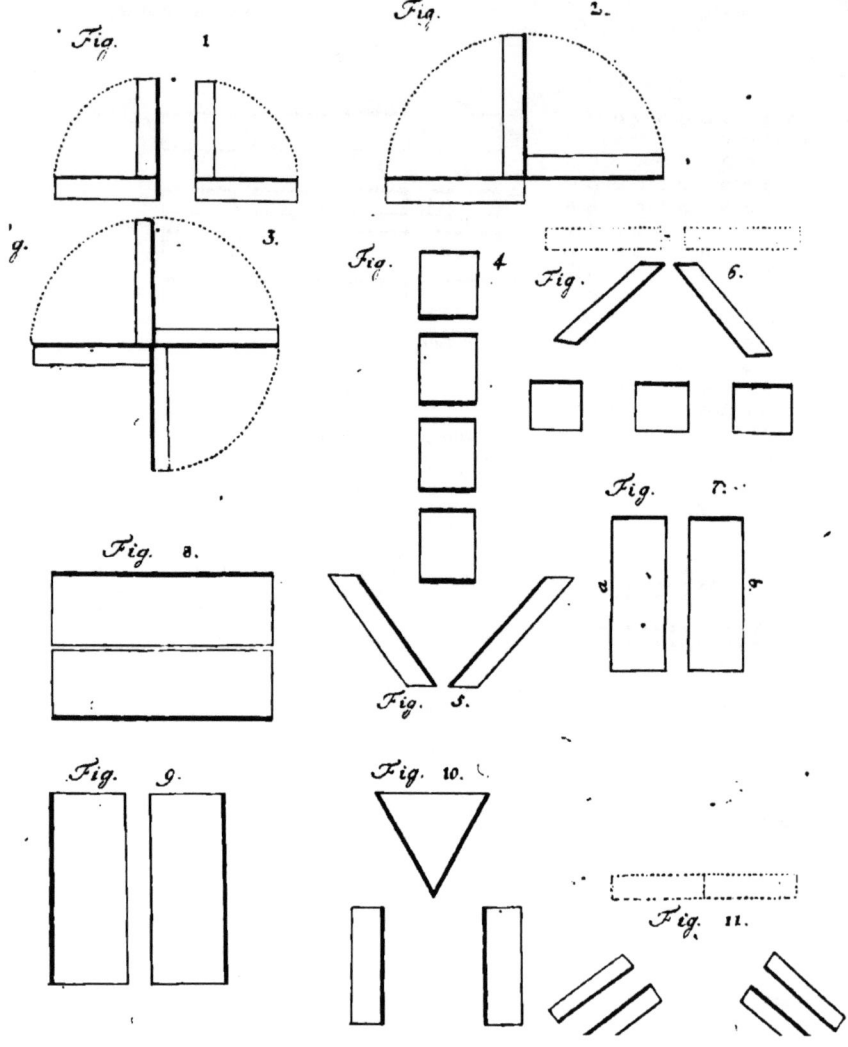

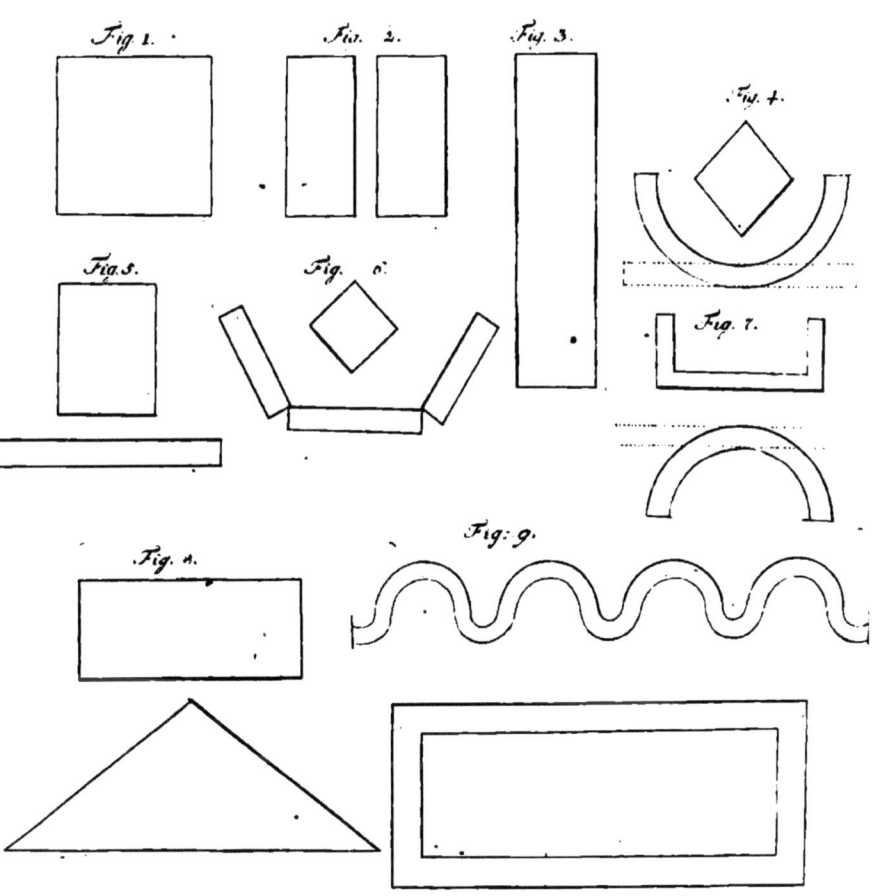

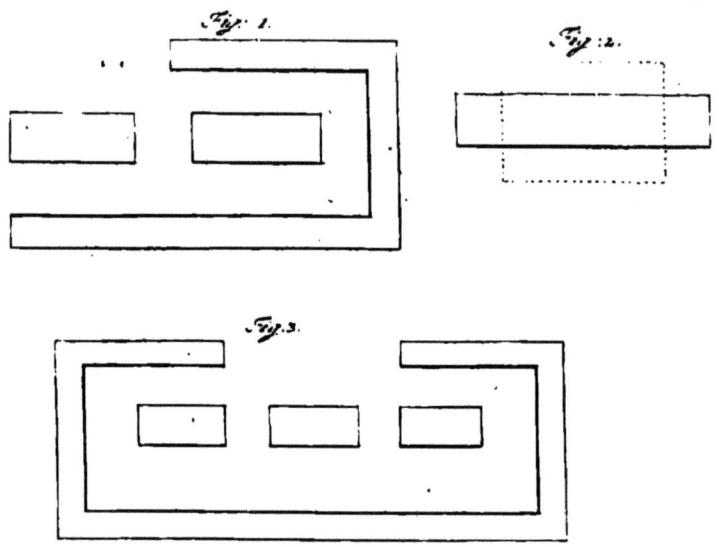